植物を巻く、組む、からめる、挿す…

技法別に学ぶ
季節のフラワーリース

橋口 学

Prologue

はじめに

「あの枝をリースにしたらいいだろうね!」
「この葉っぱで巻いても綺麗だろうね!」

ドイツでの修業時代、こんな会話をしな
がら、フロリストの同僚たちとよく車で、
美しい自然の中をキョロキョロしながら
走ったものです。

リースといえば、クリスマスに飾る赤と緑
の派手な装飾、という認識しかなかった
私も、ドイツの花屋でフロリストとしてリー
スを作るようになると、そのさまざまな姿
にすっかり魅了されていました。

本書は、2015年に刊行した『季節の
フラワーリース基礎レッスン』（誠文堂
新光社）の改訂版です。前書からの作
品に新たに制作した作品を加え、技法
別に構成しました。数ある植物材料を、
どのような方法で制作することができる
のかを紹介しています。花束やアレンジ
メントと同じように、どんな植物材料でも
リースを作ることは可能です。その材料
に適した制作方法を選んだり、新たに考
え出したりするきっかけになればと願って
います。

植物材料がリズムよく並ぶ美しい姿は、
きっと皆さんの自然への思いをかきたて
ることでしょう。

橋口 学

Contents

植物を巻く、組む、からめる、挿す…
技法別に学ぶ 季節のフラワーリース -目次-

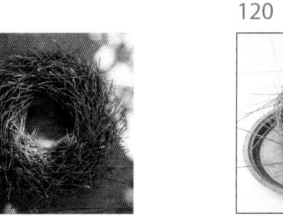

Chapter 1

リースを作る前に
知っておきたい基礎知識

1. リースの象徴性について

「永遠」というキーワードをデザインに取り込みましょう

リースは「始まりもなく終わりもない、永遠の象徴」とされ、昔から人々の愛情を示す花飾りとして存在しています。野原で摘んだ可愛らしい草花を編んで髪飾りにしたり、庭にある植物を使ってドア飾りに、亡くなった人を送る花として、結婚式の装飾として。リースは永遠の象徴性を大切に守りながら、さまざまな場面で作られています。

リースは、いつの時代もリングの形をしています。この「始ま

りもなく終わりもない」形こそが「永遠」であり、材料が流れるように配置されたリズム感のあるリースは、象徴性を明確に表現します。

現在のデザイン性あふれるリースにも、この象徴性は失われてはならないものです。「永遠」というキーワードをデザインに取り込むことができれば、長い間受け継がれてきた、人々の思いを映した素晴らしい花飾りとなるでしょう。

2. リースのプロポーションについて

象徴性を表現するために知っておくべき形があります

太さについて

リースで大切なのは、リングの太さと中の空洞（内輪）の比率です。太さの基本的な比率は、リースの太さと、空洞（内輪）の割合が1：1.6です（図A）。これが図形上もっともバランスがよく、配置した材料の流れがスムーズに見え、象徴性がしっかり表現されます。太い場合はリースの流れが内に向かい、細い場合は外へ向かうように見えます（図B、C）。以上のような基本的な特性は知っておくべきですが、どの太さが適当かは、そのリースのテーマ性や飾る場所、どんな材料を使用するかによります。

材料による太さの変化

輪郭がほぐれた空間のある材料を使用した場合と、輪郭の輪がはっきりとわかるような材料を使用した場合とでは、リースの太さの見え方に違いがあります。前者は細く、後者は太

く見えます（図D、E）。また、濃い色の材料を使用した場合、その太さは細く見え、薄い色を使用した場合は太く見えます（図G、H）。

用途によって断面の形も変化

リースの断面を想像してみてください。壁掛けやテーブル置きを目的とする場合は、面に接することを考慮に入れて平らな部分を作っておき、接した時の安定感を持たせることが必要です。そのためには、リースの内側（内輪）、外側（外輪）の底辺部分にも材料を入れて、裾が面に着くように構成することが必要となります。これを「底辺部分の展開」と呼びます。このようなリースの場合は、断面が半円形、またはカマボコ形になります（図F）。上から吊るして飾るリースの場合は底辺部分がないため、断面は円形になります（図I）。

図 A

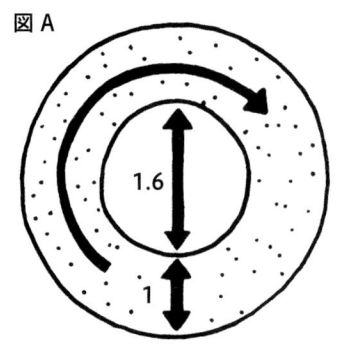

基本的なリースの比率。バランスがよく、配置した材料の流れもスムーズ。

図 B

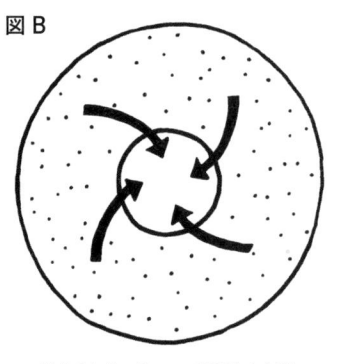

基本より太いリース。配置した材料の流れは内側に向かう。装飾性が強くボリュームがある。

図 C

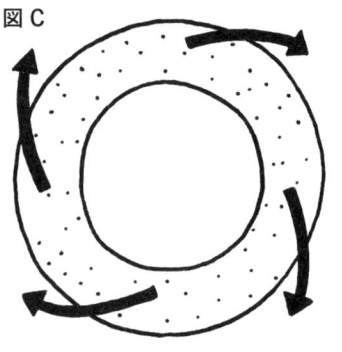

基本より細いリース。配置した材料の流れは外側に向かう。軽く開放的な印象を持つ。

図 D

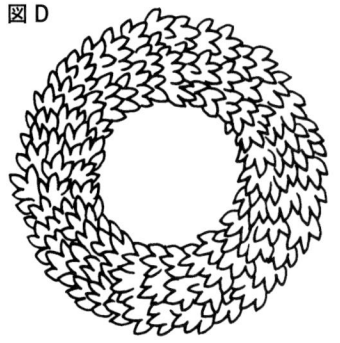

輪郭がほぐれた空間のある材料を使用したリースは、細く見える。

図 E

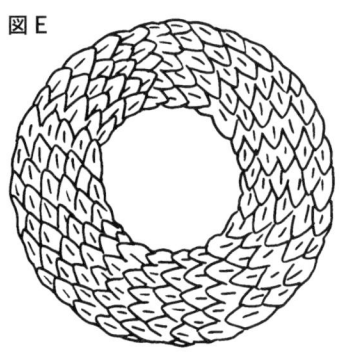

輪郭の輪がはっきりとわかるような材料を使用したリースは、太く見える。

図 F

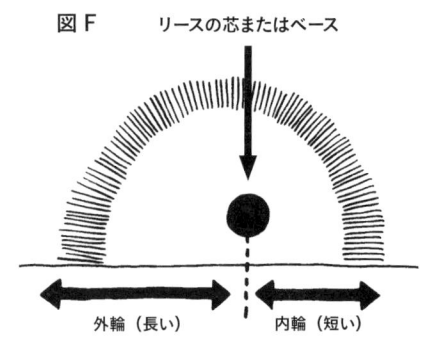

壁掛けやテーブルリースの断面。台に接する底辺部分を作っているので、半円またはカマボコ形になる。

図 G

濃い色の材料を使用した場合、リースは細く見える。

図 H

薄い色の材料を使用した場合、リースは太く見える。

図 I

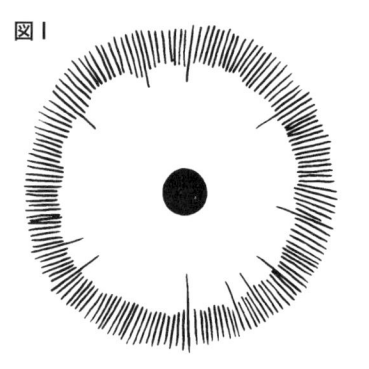

上から吊るして飾るリースの断面。底辺部分がないため、ほぼ円形になるのが理想の形。

3. リースの造形について
グルーピングでリズムとアクセントを

リースの輪郭はシンメトリーな構成となります。ですが構成する材料の配置は、シンメトリー、アシンメトリーの両方のグルーピングが考えられます。

グルーピングとは、散らばった要素を集合させて見せる手法です。集まった部分（グループ）に目がとまるようにしたり、グループ同士の間隔のバリエーションによって緊張感や面白みを作り出すことができます。材料をグルーピングで配置するか、しないかは、作りたいリースのテーマや雰囲気によって判断します。

グルーピングをしなければ、どこを見ても同じようなわかりやすいイメージになります。静的な誠実さ、幾何学的な面白さ

による装飾性を持ち、人工的な印象になります。水玉模様のようなリズムを想像するとよいでしょう。

グルーピングをする場合は、大きく分けて「自然なグルーピング」と「明確なグルーピング」の2つが考えられます。自然なグルーピングは、自然の中の植物の分布に近い配置で、流動的なリズムが生まれ、自然な雰囲気を作るのに適しています。明確なグルーピングは、材料の種類、色、質感やキャラクター別に明確に整理された集合体となり、色や形の華やかさが強調され、装飾的で人工的な印象になります。人の手があまり入らない自然風景と、しっかりと手入れされたガーデンをイメージすると分かりやすいでしょう。

Ⅰ

グルーピングをしない

規則正しく散らばって、
見た目にわかりやすい
構成になっている

Ⅱ

自然なグルーピング

密度のある部分と
空間のある部分ができる

Ⅲ

明確なグルーピング

わかりやすい集合部分ができ、
目にとまるところが明確

4. 材料の選び方について

特性に合わせた制作技法

フラワーデザインに使用される植物材料は、2つに分けることができます。保水が必要なものと、ドライまたは自然にドライになるものです。リースは、ほとんどすべての植物材料を使って制作することができますが、材料の持つ特性によって、制作する技法を選択する必要があります。

リースに適した材料としてまず挙げられるのは、蔓性の植物でしょう。長くやわらかにしなる曲線を利用して丸い輪を作る

ことは、シンプルで楽しい作業です。私たちの周りにはたくさんの種類の植物があり、それぞれに特性を持っています。面白みのある形や長さ、動きや質感、色などが、好奇心やアイデアを刺激してくれるでしょう。気になった植物を輪の形にするためには、その特性を知り、それに合わせた技法を選ぶことが必要です。その基本を知っておくことは、リース制作の大きな助けになります。

リースの各技法に適した材料

「巻く」リースに適した材料

ユーカリ、ヒバ、グミなど

乾いてもすぐにしおれずに丈夫で、乾く様子が美しいものであれば多くの材料が当てはまる。中でも葉と茎があり巻きやすいもの。

「組む」リースに適した材料

シャクナゲ、サンゴミズキなど

枝分かれが多い枝、枝の色や質感、動きが特徴的なもの。弾力性のある枝は長く使えるが、かたい枝はリースの輪郭に合わせてカットする。

「刺す」リースに適した材料

ダスティーミラー'シラス'、ビワの葉、タイサンボクなど

乾いてもすぐにしおれず、割れることがなく丈夫で、乾く様子が美しいもの。中でも単体でその美しさが際立つもの、面に特徴があるもの。

「貼る」リースに適した材料

実もの、軽い葉物

刺すことのできないかたいもの、数多く使用するもの、刺すための資材（ワイヤーなど）を隠しづらいもの、接着剤がつきやすい軽いもの。

「からめる」リースに適した材料

クレマチス、ヤマイモの蔓など

蔓性の植物の中で、乾いてもすぐにしおれることなく、乾く様子が美しいもの。ヤナギなどのやわらかい枝物。

「挿す」リースに適した材料

ジニア、コスモスなど

保水の必要な生花。あらかじめ短めにカットし、十分に水あげをしておく。

5. リースの飾り方

アイデア次第で、飾る場所はたくさんあります

リースはどのように飾られるのでしょうか？ 輪郭やリズム感のある流れの構成を、正面からまんべんなく見るためには、壁掛けとして飾られることが理想的です。それ以外にも象徴性のある花飾りとして、リースはさまざまな場面で使用されます。

ヨーロッパでは、クリスマスの装飾はもちろん、結婚式の装花、花嫁のブーケ、パーティー装飾、テーブルデコレーション、家庭に飾る季節ごとのドアリースなどとして登場します。また、プレゼントにかけるリボンとともに、小さなリースを贈るなどということもあります。お悔やみの花としてもリースは一般的で、使用される花やデザインは、亡くなられた人が好きだった花や色が選ばれ、色彩豊かなデザイン性に富んだものになります。リースはアイデア次第で、日常の花飾りとして、さまざまな場所に飾って楽しむことができます。

アドベント用のテーブルリース（→ P.38）。

天井から吊るして楽しむ（→ P.126）。

ギフト用の小さなリース（→ P.22）。

季節のドア飾りとして（→ P.26）。

Column 1

植物の主張について

植物の主張とは、自然界の階層構造を見本とした勢力の大きさのことです。大きな主張を持つ高い木々、その下には中程度の主張の木々があり、地面近くにはわずかな主張の草や小花、地面には枯葉やコケが生息しています。リースに使うすべての材料について、その主張の大きさを考えてみましょう。リースは隣同士の材料の間隔が近く、狭い空間の中で構成されます。使用する材料が自然の中ではどの高さにいるのか、隣り合う材料はどのような重なりで見せれば美しいのか。自然を観察することで、リースの高低差の構成のイメージを得ることができます。

自然界の階層構造を表したイラスト。植物の主張は材料の構成を考えるヒントになる。

Column 2

植物の個性について

植物は人間と同じようにそれぞれが個性を持っています。ある植物を主役にしてリースを作ろうと決めたら、その植物の個性を考えてみてください。可愛らしい、大人びた、エレガントな、親しみのある、優雅な、洗練されたなど。その植物にぴったりの個性を想定することで、リースの完成のイメージがどのような雰囲気を持つのか、リースの太さはどのくらいが適しているのか、輪郭は高低差が合うのか、コンパクトが合うのか、どのような脇役の材料を組み合わせるのか、どのくらいのリズム感で構成をするのかなど、リース作りのあらゆる選択の指針となるでしょう。ただ、きれい、というだけではない、その植物だけが持つ特別な美しさを引き出すことが、個性ある植物のデザインの面白さです。リースは、輪という決まった形の中で構成されるため、その分、材料そのものの個性と、それらの組み合わせを集中して見せられるデザインといえます。

ユーカリ・トランペットは、大きめの実たちが、まるで口を尖らせ音楽を奏でているような楽しげな印象を与える植物。これを個性としてとらえ、リースの中で表現する。

本書の使い方

本書では、リース制作の7つの技法「巻く」「組む」「刺す」「貼る」「からめる」「挿す」「ミックス・そのほか」別にリースを紹介しています。リースの制作手順を追ったプロセス写真とともに、材料についての解説や、ポイントについても述べています。実際にリースを作る際の参考にしてください。

リース名
リースのイメージやテーマに合わせてネーミング。

技法
リースに使用する技法を掲載。

制作時期
リース制作に適した時期を月別で掲載。

ポイント
リース作りのポイントをまとめて解説。

使用花材
花材の種類と、目安となる本数、必要な場合は長さを掲載。

使用資材
ワイヤーやフローラルフォームなど、必要な資材を掲載。

リースの紹介
制作意図やテーマについて具体的に解説。

作り方
リースを制作する手順を解説。

プロセス写真
リース作りの工程や、ポイントとなる写真を掲載。

Chapter 2

リースの技法 1 「巻く」

技法1 「巻く」

Technique

材料を重ねて巻き留める壁掛けのリース

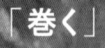

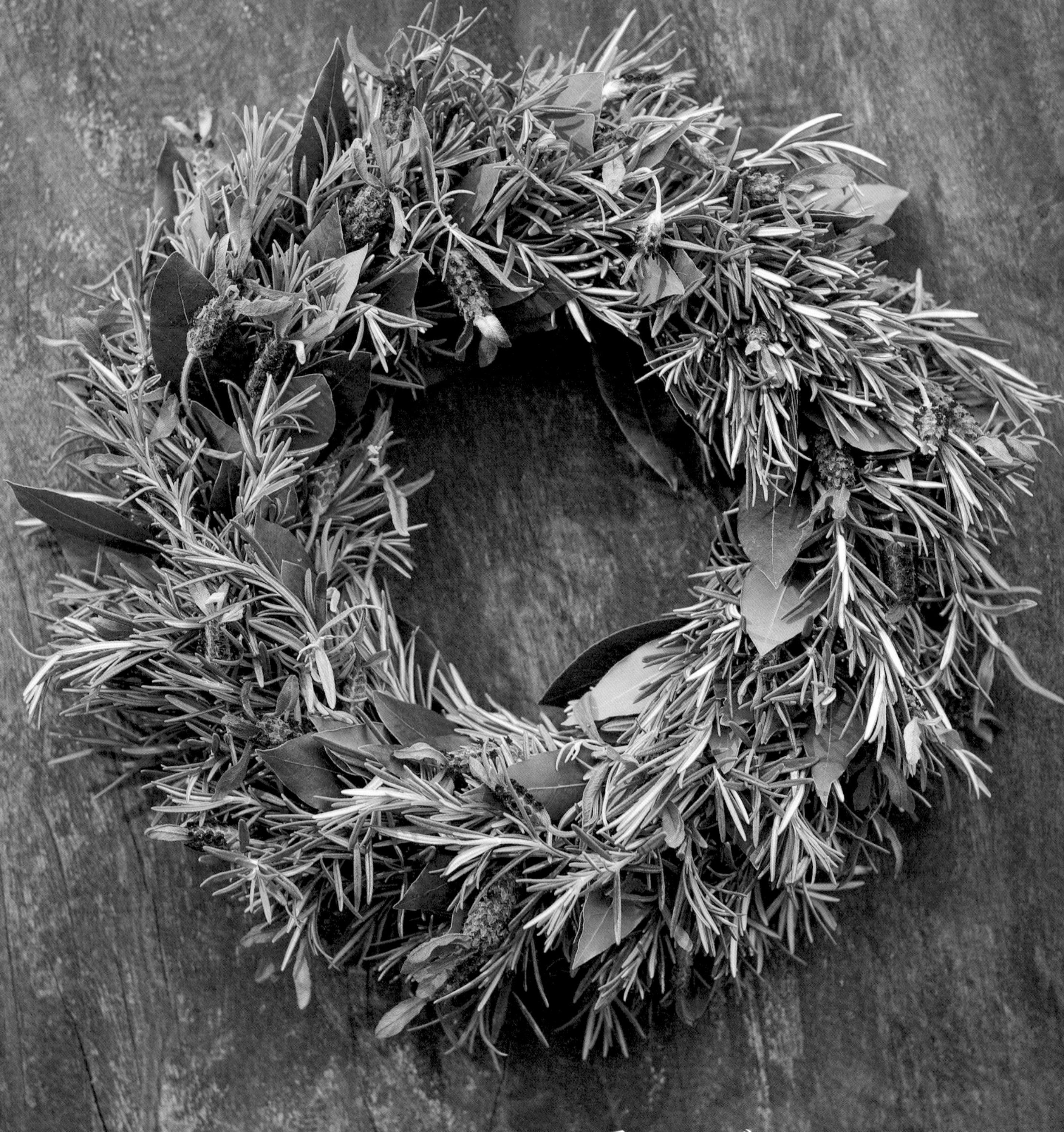

香るハーブのリース　時期／5月〜7月

このリースを例に「巻く」の技法を解説します。

技法 1
Technique

「巻く」 材料を重ねて巻き留める壁掛けのリース

リース作りは「巻く」のテクニックから。
植物材料を重ねながら巻き留めていくため、始まりも終わりもない「永遠」のリズムを制作しながら体感することができます。
資材も、芯となるリング状の番線と、材料を巻くためのリースワイヤーさえ用意すれば十分。好みの季節の材料で楽しめます。
ここでは初夏のガーデンに育つ香りのよい材料を集め、フレッシュな印象のリースを作ります。

花材 Flower&Green

1 ゲッケイジュ　香りがよく、落ち着いた色合いの面の葉。葉が大きいのでほかの材料とコントラストがつき、リースに落ち着きと安定感を与える。（20cm 15 本）

2 ローズマリー　香りがよく、清楚で上品な質感を持つハーブ。身近な材料なので、親近感を持たれやすい。ボリュームのある葉がリース全体の太さを作る。（20cm 20 本）

3 ラベンダー ‘アボンビュー’　紫の花の色合いが、ローズマリーやゲッケイジュのシルバーグリーンの葉によく合う。色の持ちもよい材料。（30cm 30 本）

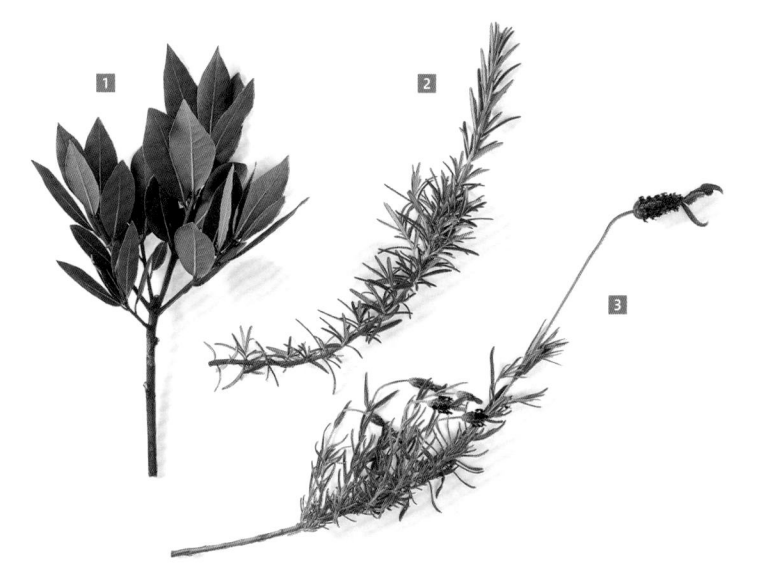

資材と道具 Material&Tool

1 ♯10 番線（直径 20cmのリング状）　リースの芯となるもの。ここに材料を巻き留めていく。扱いについてはP.21 参照。

2 リースワイヤー　材料を番線の芯に巻き留めるためのもの。リースが作りやすいようにコイル状になったワイヤー。各色あるので、材料の色やリースのテーマに合わせて使い分ける。

3 セロハンテープ　リング状に形作った番線を固定するために使用。

4 フローラルテープ　両面粘着性のテープ。リング状にした番線に巻く。リースの中で目立たない色（緑や茶色）を選ぶとよい。

5 花ハサミ　材料を切り分けるために使用。

・そのほか　・ニッパー
　　　　　　リースワイヤーをカットするために使用。

作り方 How to make

1 材料はすべて10〜15cm程度に花ハサミで切り分ける。リースワイヤーで材料を巻いていく際、途中でハサミに持ち替えて材料を用意することが少なくなるように。巻きの作業にはリズムが大切なので中断させないことが重要。

2 右ページの「基本資材の扱い1」を参照し、番線をセロハンテープで固定してリング状にし、フローラルテープを巻き、リースの芯となる輪を作る。巻き始めの部分にリースワイヤーを取り付ける。

Check リースワイヤーを芯の下から通し、芯を巻き込むような形で元のリースワイヤーとからめて、しっかりねじって留める。留めたあとに残ったワイヤーが長すぎる場合はニッパーで切る。

3 ゲッケイジュ、ローズマリー、ラベンダーの順に重ね、リースの内輪と外輪の幅を決める。このとき、材料の先端は時計回りの方向を向くように配置する。リースワイヤーを内側から外側へ向かって1周巻き、材料を巻き留める。

4 このとき、材料の根元から2〜3cmの部分を持ち、ワイヤーを内側へしっかり引っ張って巻き留めること。続けて材料（ここではローズマリー）を少しずらしてのせる。

5 3、4と同様に材料を巻き留める。巻き留め方がゆるいと、飾っているうちに材料が乾いてドライになった際、やせて落ちてしまうため、きつく巻くこと。ゲッケイジュは、裏側に1枚1枚あてながら芯を隠すように入れて固定する。

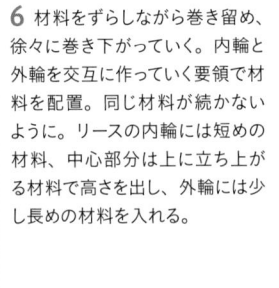

6 材料をずらしながら巻き留め、徐々に巻き下がっていく。内輪と外輪を交互に作っていく要領で材料を配置。同じ材料が続かないように。リースの内輪には短めの材料、中心部分は上に立ち上がる材料で高さを出し、外輪には少し長めの材料を入れる。

7 面の葉であるゲッケイジュを芯の裏側に入れると、壁に掛けたときにも植物が傷つかず、また壁に安定よく配置できる。巻き進めるうちに材料の束が太くなってきたら、リースワイヤーを巻く回数を1周ではなく2周にする。

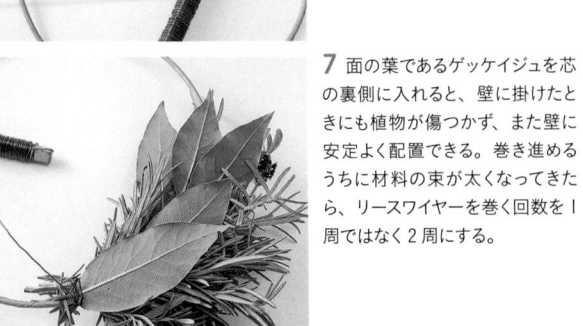

8 1/2 程度まで材料を巻いたところ。リースの輪の曲線がきれいに出ていること、内輪、外輪とも、裾が台に着くように材料が入っていること（これを「展開ができている」という）が重要なので、確認しながら行う。

Check 裏から見た様子。ゲッケイジュで芯が隠れている。このまま材料を巻き留め、1周して巻き始めまで到着したら、最初の束を少しめくって材料を入れて巻き留める。こうすると巻き始めと終わりが自然につながって見える。

Check 真上から見た様子。ラベンダーの花は中心部分だけでなく、外輪側、内輪側にも配置する。これも常にチェックしながら作業をすること。

9 ワイヤーを15cm程度残してカットし、裏に見えているワイヤーに挿し込んで2回ほど巻いて留める。切ったワイヤーの先は横側の材料に刺して完成。

Point

・リズムを意識し、手を休めずに材料を巻く。先端の向きは時計回り、巻いていく方向は反時計回りで。

・番線で作った芯が見えないよう、裏にはゲッケイジュを配置。花の保護になり、壁に掛けたときに平らで安定性がよく、見た目にも美しい。

・巻き留めるときはそのつど、きつく引っ張りながら。ドライになるとやせるので、その分を考慮する。

・リース特有の曲線、内輪、外輪ともに台にぴったり着くように材料が入っていることに留意して作業する。

基本資材の扱い 1　番線

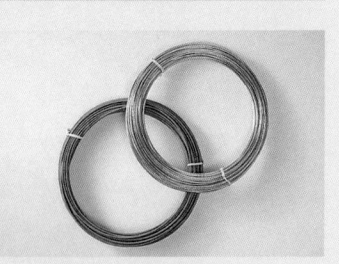

ホームセンターなどで購入できる番線。これをリング状に成形してリースの芯にしています。材料を巻き留める際にもリースの形が整えやすく、また飾るうちにドライになっても形が崩れることありません。本書では♯10（直径約3.2mm）、または♯12（直径約2.6mm）のものを使用。リースの中で目立たないよう、材料に合わせた色のフローラルテープを巻いて使用します。

①
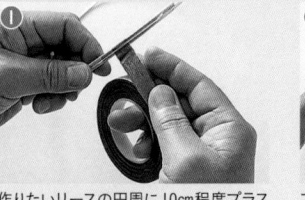
作りたいリースの円周に10cm程度プラスした長さにニッパーでカット。セロハンテープで留める。

②
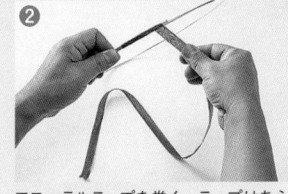
フローラルテープを巻く。テープはあらかじめ必要な長さにカットし、しっかりと引っ張りながら巻く。

③

リースの芯の完成。テープを巻くと材料の滑り止めになり、安定性も高まる。

小さなリース 技法／巻く　時期／7月〜9月

ドライになりやすい材料や可愛い実もの、
アレンジメントや花束を制作した際に出る、
短すぎて使えない材料などを利用して、小さなリースを作ってみましょう。
ワイヤーで小さい芯を作り、「巻く」のテクニックで材料を巻き留めていきます。
ここでは、春から夏にかけて咲くスターチスを使いました。
リボンを結んで、ギフトと一緒に添えたり、
髪飾りにしたりするなど用途はさまざまです。

花材 Flower&Green

■ 宿根スターチス'キノブラン' ドライになりやすいスターチスの中でも、小ぶりなので小さなリースに適した材料。花は開いたものがよいが、開ききったものは避ける。（30cm 3本）

資材 Material

・#18ワイヤー（直径8cmのリング状・フローラルテープで巻いたもの）
・スプールワイヤー（シルバー）
・リボン

スプールワイヤーは、糸巻き状になった細いワイヤー。本書では軽い材料を芯に固定するほか、オーナメントや羽根をつなげてガーランドにするなど、飾りを作る際に使用している。

ヤマゴボウもリースの材料に。中にワイヤーが通せる実もので作る場合は、ワイヤーを通して結ぶだけなのでより簡単。

作り方 How to make

1 スターチスは5cm程度の長さにカットする。ワイヤーにフローラルテープを巻いて作った芯に、スプールワイヤーで材料を巻き留めていく。

2 芯の左側の真ん中あたりにワイヤーを結び、スタート。スターチスを束にしてのせ、ワイヤーで巻き留める。スターチスの束を作るようなイメージで。この段階で、リースの幅や高さをイメージしておく。

3 材料をずらして重ね、きれいな輪郭を作ることを意識しながら巻き留め、反時計回りで下がっていく。巻き留める際には、同じ箇所を1～2回しっかりと巻いて固定する。下の茎が長く余る場合はカットする。

4 3の要領でスタート地点近くまで材料を巻き留めたら、最初の束の花を持ち上げて、短めの束をその下に入れて巻き留める。こうすると、始めと終わりが自然につながって見える。

5 最後はワイヤーをカットし、裏に巻いてあるワイヤーに2回程度縫うようにして留める。この余ったワイヤーでリースを吊り下げることもできるが、必要がなければカットする。このリースは裏まで花を入れていないが、裏にも花の束を巻きつけてもよい。用途に合わせて方法を選択。

6 形を整え、余分な茎や花があればカットし、リースの完成。ここでは花の色に合わせて黄色いリボンを結び、ワインのボトルに巻き留めてギフトに。

初夏のハーブを使うカジュアルなリース

技法／巻く　時期／5月〜6月

ドライになっても香りが楽しめる植物を摘み、束ねるように巻いたリースです。
ギンコウバイやラベンダーは香りもよく美しく乾くため、ドイツでよく使われる材料。
形や色の異なる細かな材料をウロコのように、軽く弾むようなリズムをイメージし、
太くなりすぎないように細く巻いて香りと明るい雰囲気を楽しみます。
裏面に入れたゲッケイジュも香りが魅力の材料です。

Point ・材料はドライになるとやせるので、
制作段階で多めに入れ、少し窮屈
と感じるぐらいに巻き留める。
・湿度の高い場所では材料の黒ずみ
が進む。日本では外に掛けるよりも
室内に飾って楽しむほうがおすすめ。

花材 Flower&Green

・ラムズイヤー（20cm 5 本）
・ホップの実（20cm 5 本）
・ラベンダー（20cm 5 本）
・アジサイ（15cm 2 本）
・ギンコウバイ（25cm 5 本）
・オレガノ（15cm 5 本）
・ゲッケイジュ（10cm 10 本）

資材 Material

・＃ 10 番線（直径 20cmのリング状・フローラルテープで巻いたもの）
・リースワイヤー

夏のハーフドライな材料を巻くリース

技法／巻く　時期／7月〜9月

日本の夏の暑さを利用し、半分乾かした夏の花や葉、実ものを巻いたリースです。
エアコンを切った灼熱の部屋に材料を吊り下げ、短期間乾かし、
まだ弾力性や色が残る状態で使用します。
各材料がどんな乾き方をするのか、実験してから制作します。終わりかけではなく、
最高に美しい状態で乾かすことが重要。想像もしなかった植物の表情が発見できます。

Point
- 完全にドライになったものより割れにくく、フレッシュのときよりもリースの輪郭の変化や材料の劣化が少ない。
- 材料がやせることがないため極端な密度をつける必要はなく、空間のある表現も可能に。

花材 Flower&Green

- ジニア（25cm 10 本）
- セイヨウニンジンボク（25cm 5 本）
- ユーカリ・ポポラス（30cm 3 本）
- セージ（20cm 5 本）
- 三尺バーベナ（30cm 8 本）
- スペアミント（25cm 10 本）
- ミモザ・フロリバンダ（40cm 5 本）
- ミズヒキソウ（40cm 5 本）
- ヒペリカム（30cm 5 本）
- ルドベキア（30cm 5 本）

資材 Material

- #10 番線（直径 30cmのリング状・フローラルテープで巻いたもの）
- リースワイヤー

ナチュラルな美しさをたたえるリース

技法／巻く　時期／8月～9月

夏には、鮮やかに色づき華やかさを誇る花々のほかにも、
素晴らしい美しさを持つ材料があります。通常は脇役として主役を引き立てる役割を担う葉。
これらも多くの種類を重ねることにより、それぞれが持つ特有の個性を見せることができます。
夏の終わりに、庭で集めたような葉物を主役に、花飾りを作ってみましょう。
巻くテクニックで制作する葉のリースは、リース本来の象徴性を強く感じさせるものです。

Point
・ドライで楽しむときのことを考え、材料はしっかりとリースワイヤーで巻き留める。少し高く作っておくと材料が枯れてきたときに平面的になりにくい。
・裏から番線の芯が見えないように、イチョウやコノテヒバでカバーしながら巻き進める。

花材 Flower&Green

1 コノテヒバ　夏に美しい色を見せ、秋冬まで活躍。底辺では面として、上部ではアクセントとして、中間部では斜めに立てて空間を作る。(20cm 15 本)

2 イチョウ　底辺に多めに使用し、芯を裏から隠す効果も。(20cm 5 本)

3 ハツユキカズラ　トキワマンサクとアジサイの色に連動。(15cm 10 本)

4 アジサイ　この時期はガクが強く、水なしでも扱いやすい。小分けにして構成。(3 本)

5 トキワマンサク　緑の多い単調な構成に、色のアクセントを加える。(30cm 5 本)

6 フェイジョア　水持ちがよく、表裏を気にせず使える材料。(25cm 5 本)

7 スモークツリー　ふわふわした実と葉を使用。自然な雰囲気作りに。(25cm 3 本)

8 シダ　この季節にかたく力強い葉を持つ材料。(20cm 10 本)

9 アイビー　初秋にかための使いやすい葉となる材料。(30cm 5 本)

10 オダマキ　葉の色が変化し、秋の訪れを予感させる材料。(25cm 5 本)

11 カンスゲ　輪郭に沿って丸く構成するグラス。面白みを出すために、リースの輪より少しはみ出してもよい。(30 本)

資材 Material

・♯10 番線（直径 38cmのリング状・フローラルテープで巻いたもの）　・リースワイヤー

作り方 How to make

1 番線で作った芯の左側から巻き始める。小分けにしたイチョウ、コノテヒバ、アイビー、トキワマンサクをあて、底辺の幅を決めたら、リースワイヤーでしっかりと巻き留める。

2 材料の色や形、質感などの並びが単調にならないよう注意しながら、材料を巻き留める。高さを少し高めにしておくと、材料が枯れてきた際に平面的になりにくい。内輪、外輪ともに美しい曲線を描くように。裏からはイチョウとコノテヒバをあてて、芯が見えないようにする。

3 蔓や長いグラスなども同様に構成し、下がっていくリズムを崩さないように、材料を入れるたびにリースワイヤーで巻き留める。ほかの材料も、やせて空間が出すぎるのを防ぐために、少し多めに詰めておく。

4 巻き終わりは、巻き始めの束を少しめくって、その下に材料を巻き留めるようにし、自然につながって見えるように整える。リースの完成。内輪、外輪ともに台に着くまで材料を入れると、壁に掛けて飾る際に座りがよい。

Column 3　表面構造について

植物が持つ表面構造も、私たちが植物から魅力を感じとる重要な要素です。ここでいう表面構造とは、おもに質感のことをさします。
材料同士が比較的近くに並んで構成されるリースでは、色の効果と同様に花びらや葉、茎の質感、樹木なら木肌の質感などがより際立って見えてきます。
一般的に、葉物などのツヤのある表面は、都会的でクールなかたいイメージを持ち、ざらざらした表面は、親しみや温かみのある、やわらかな印象を与えます。花びらなどのなめらかな質感は、上品、エレガント、軽い、などの印象をもたらします。
表現したいテーマに合わせ、質感が持つイメージに注目して材料を選択するとよいでしょう。このページで紹介しているリースは、夏の終わりの葉物の上品な美しさを表現するために制作しました。形だけでなく、同じ葉物でも季節によって変わる色、そして質感に注目し、葉物の多様さと個性を見せています。

夏の植物たちのリース

技法／巻く　時期／6月〜8月

初夏から夏へ向かうガーデンには、魅力的な植物が目白押しです。
7月まで梅雨のある地域が多い日本では、この季節の植物材料を見逃してしまいがち。
色や形、さまざまな質感を持つ材料のなかで、「巻く」技法で作ってもすぐには枯れないものを選び、
リースにしました。色鮮やかで個性的な材料を使い、
楽しく、喜びにあふれるようなリズムで構成しています。

Point
・材料を巻き留める際には、隣り合う材料の色や形、質感が連続しないように注意。各材料の特性が引き立つ。
・にぎやかで楽しい印象にするため、材料を重ねる間隔を狭くして密度を高め、輪郭が明確な円になるように構成。

花材 Flower&Green

ヘリクリサム（15cm 20本）
ベニバスモモ（40cm 3本）
ベニバスモモの実（3個）
枝付きのミモザの実（30cm 10本）
ブラックベリー（20cm 6本）

グミ（30cm 6本）
バラの実（20cm 8本）
ペンステモン（30cm 10本）
コノテヒバ（30cm 5本）

資材 Material

・稲ワラのリースベース
　（直径 28cm／ P.33 参照）
・リースワイヤー
・# 20 ワイヤー

茎が短かい、またはやわらかい材料、ボリュームが欠けている場所に入れる材料の束などはワイヤリングをし、巻き終わったあとに挿し込むことが可能。稲ワラのリースベースを使用する利点だ。

ブルーグレーのリース

技法／巻く　時期／11月

秋も深まり冬が近づく頃には、自然風景も色を落とし、
深く濃い茶色や黒、グレーへと移り変わっていきます。
そんな晩秋の様子を表現したリースです。
紫色のアスターを寒い季節のイメージで使い、黒い実ものやシルバー系の葉を合わせ、
冬の到来を色で感じるように構成しました。

Point
・豊かさを見せる秋のリースとは違い
細めに作り、透き通る初冬の空気
感を漂わせる。
・壁掛けのリースなので、裏にはユー
カリの葉を入れて平らに構成する。

花材 Flower&Green

・アスター'シャギー'（20cm 20本）
・ユーカリ（25cm 10本）
・トウガラシ'ブラックフィンガー'
　（20cm 5本）
・ビバーナム・ティナス（20cm 10本）
・コニファー（30cm 5本）
・ユーフォルビア・スピノーサ
　（30cm 3本）

資材 Material

・#10番線（直径33cmのリング状・
　フローラルテープで巻いたもの）
・リースワイヤー

ドライになったときにやせることを考
え、材料は詰めて入れ、抜け落ちな
いようにしっかりと巻き付ける。

クリスマスを迎える豊かな秋のリース

技法／巻く　時期／11月

クリスマスを迎えるまでのドア飾りとして、色が変わりにくい晩秋の材料を集めたリースです。
クリスマスの華やかな装飾の前に、自然の中で見つかる実ものや美しい葉を飾りました。
象徴性をもっとも表しやすい、「巻く」技法で制作。
材料の形や質感の違い、動きを見せるようにしながら連続して材料を重ねていきます。
アトランダムに配置したザクロの個性が、リースに表情を与えます。

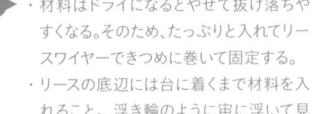

Point
- 材料はドライになるとやせて抜け落ちやすくなる。そのため、たっぷりと入れてリースワイヤーできつめに巻いて固定する。
- リースの底辺には台に着くまで材料を入れること。浮き輪のように宙に浮いて見えないように。

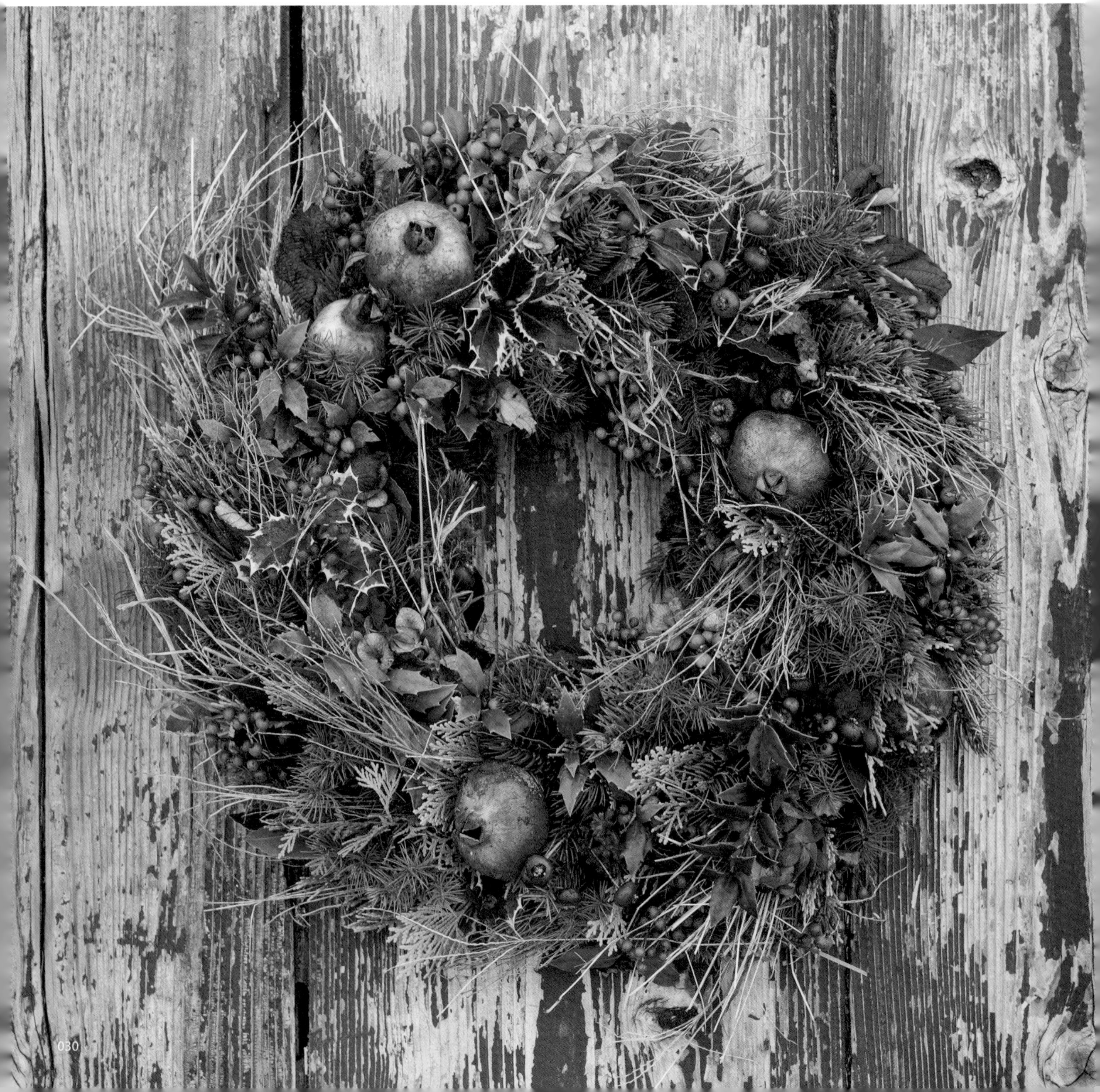

花材 Flower&Green

1 ユーフォルビア・スピノーサ　ボリュームと表情を出す役割。弾力性のある枝は曲線の輪郭に合わせやすい。(50cm 5 本)

2 ザクロ　生命の象徴。インパクトのある材料を混ぜて表情豊かに。(5 個)

3 アジサイ　ドライに適した材料。ボリュームと色合いのために使用。(3 本)

4 オオデマリの葉　この季節ならではの色の、面の葉を入れて変化を。(50cm 7 本)

5 西洋ヒイラギ‘サニーフォスター’　葉と実は終わりのない命の象徴。トゲは邪悪なものを追い払う。(30cm 5 本)

6 トウヒ　クリスマスには欠かせない針葉樹。(30cm 7 本)

7 枯れ草　冬の印象と不規則な動きの変化を加える材料。(30cm 10 本)

8 ノイバラの実　小さな実はグルーピングで見せると効果的。(7 本)

9 イタリアンカラマツ　トウヒとは色や形の異なる針葉樹。(30cm 7 本)

10 ケイトウ　やわらかな質感で変化をつける。深い赤を差し色に。(10 本)

11 ゲッケイジュ　光沢のある葉が特徴。質感の違いを見せる。(30cm 7 本)

12 コノテヒバ　平たい葉が特徴で、リースの底辺を作るにも便利。鮮やかな黄緑が明るさを出す。(20cm 7 本)

13 サンゴミズキ　クリスマスカラーの枝。枝分かれしたもので変化をつける。(30cm 5 本)

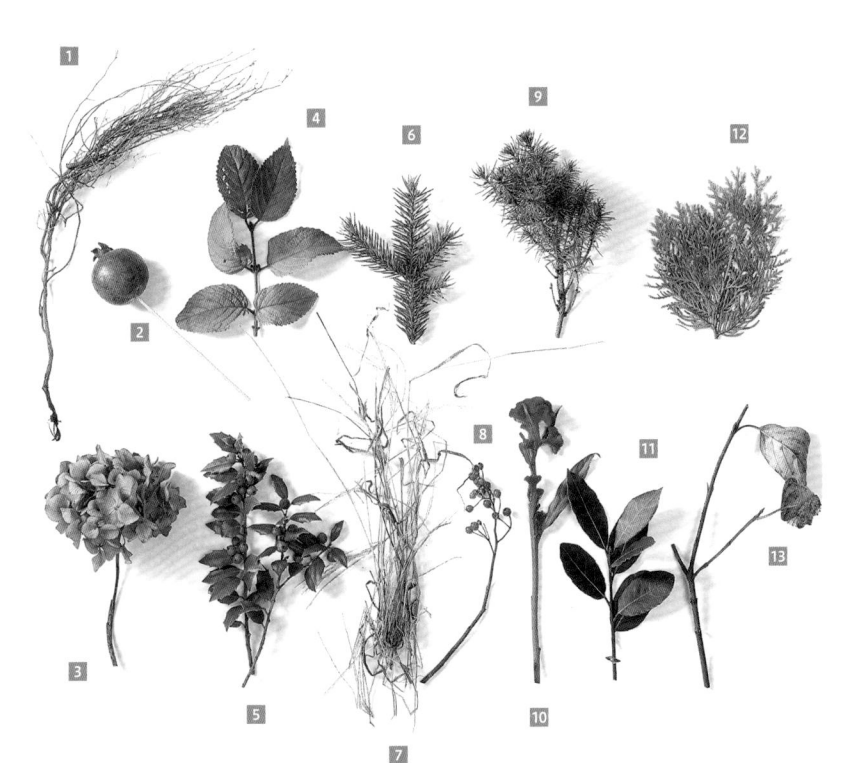

・バラの実　赤い実ものは生命と愛情の象徴。大きさを段階的に変化させ、全体の構成に調和をとる。(5 本)

・西洋ヒイラギ（斑入り）　インパクトのある色合いが華やか。面の葉が、ほかの細かい材料との対比を見せる。(30cm 3 本)

資材 Material

・稲ワラのリースベース（直径 28cm／ P.33 参照）
・リースワイヤー　・竹串

材料は巻く前に枝分けし、使いやすい長さに切り揃える。時間短縮とリズムよく巻いていくために必要な作業。10 ～ 20cm長さにカットし、材料ごとに分けて並べておく。ザクロなどの実ものには竹串を刺しておく。

1 リースベースの左下にリースワイヤーを結び、ゲッケイジュ、トウヒ、コノテヒバ、イタリアンカラマツなどを、葉の先端が時計回りに流れるように重ねて置き、リースワイヤーを2周程度巻いて巻き留める。

Check 内輪の裾の部分が台から浮かないように、面の葉を入れて底辺を作ることが重要。ここではゲッケイジュを使用している。材料を配置する際には、この内輪側の底辺から始めて、外輪に向かってベースの表面を覆うように、ベースの最上部までを目安に重ねる。

2 先に入れた材料に続けて、リースの最上部から外輪側へ材料を配置する。ユーフォルビアやノイバラの実、ゲッケイジュと、同じものが隣り合わないように変化をつけ、台に着くまで材料を重ねてリースワイヤーで巻き留める。台に着く部分には面の葉を入れて底辺を作る。

3 ここからは、ずらしながら材料を入れていく。先に巻き留めた材料の長さの約半分の位置に、これから置く材料の先端がくるようにし、リースの最上部から外側に向かって材料を配置し、ワイヤーで巻き留める。ケイトウ、オオデマリ、針葉樹を入れ、質感や色の違いを見せる。

4 今度は内輪側から外輪側へ向けてぐるっと、外輪側の台に着くまでリングを覆うように材料を入れて巻き留める。アジサイやケイトウ、バラの実を、間に針葉樹を挟みながら高低差を意識して配置。この1〜4の材料の入れ方をミックスしながら、続けて材料を巻き留めていく。

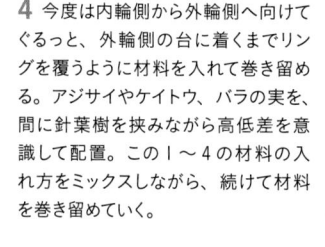

5 すべての材料をベースの内輪側から入れると内輪が太くなってしまう。そのため内輪から外輪側へ入れる場合と、リースの中央部から外輪側へ入れる場合とを、リースの太さに合わせて選択。美しい曲線を描くことを意識して巻き進める。リースの中心部には実ものなど見せる材料を多めに配置。

6 さらに材料を重ねながらリースワイヤーで巻き留める。巻く色や流れが単調になってきたら、枯れ草やユーフォルビアを入れて変化をつける。ヒイラギは目立つので全体に配分する。リースの底辺には台に着くまで材料を入れること。浮き輪のように宙に浮いて見えないように。

7 材料を巻き留めてベースを1周したら、巻き始めの部分をめくり、内側へ材料を入れてリースワイヤーで巻き留める。下ろしたときに段にならず、自然につながって巻き始めがどこかわからないようになればよい。

8 ワイヤーをしっかり引っ張ったらカットし、1〜2回ベースに巻いた裏側のワイヤーの間にくぐらせる。持ったときに手に刺さることのないように先端をワラの中に挿し込む。このリースでは、裏面に葉は入れていない。

9 表に返し、空いている部分にザクロを配置する。竹串をワラの土台に深く挿して固定。すべての材料を不均等なリズムで流しているので、ザクロも均等に並ばないように注意する。台に材料が着くように手でならし、中心部分は立ち上げて高さを出す。材料が引っかかっていないかを確認して完成。

基本資材の扱い 2　稲ワラのリースベース

ワラのベースは、ギュッと縛っておけばやせることがなく、花材が抜けにくいという利点があります。ワイヤリングをしたオーナメントなども固定させやすく、本書ではクリスマス用のリースでも使用。ここでは直径約40cmのベースを作る方法を解説します。

材料 Material

- 稲ワラ　1〜2束
  （適当な太さになるまで調整）
- ♯10番線（直径25cmのリング状）
- リースワイヤー
- カバー用のリボン（ドイツ製）
- ♯20ワイヤー

カバー用のリボンは、「刺す・貼る」の技法では、ベースの表面を平らにすることができるため有効。「巻く」技法の場合はなくても問題がない。また専用のリボンがないときは不織布のリボン等で代用可能。

作り方 How to make

① 稲ワラを半分の長さに切り、半分の束の半量ずつ、リング状にした番線を芯にして取り付ける。

② 芯にのせるようなイメージで稲ワラを置き、リースワイヤーで巻き留める。

③ 束が細くなり始めたら、稲ワラをずらして継ぎ足しながら、太さを一定にすることを意識して巻く。

④ 1周したら余分なワラをカットし、形を整えて2周目を巻く。飛び出したワラも一緒に巻き留める。

⑤ 巻き終わりは、大きく巻いたリースワイヤーの輪の中にリースワイヤーの棒をくぐらせ、引っ張って結ぶ。

⑥ リースワイヤーをカットし、手で押さえて上部を半円状に整え、下部は地面に押し付けて平らにする。

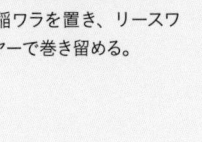

⑦ リボンで巻いてベースをカバーする。こうすると、ワラの下地が材料の間から見えることがない。

⑧ またリースの輪郭も明確になり作業しやすい。コの字型に成形した♯20ワイヤーで刺し留めて完成。

クリスマスを祝うためのドアリース

技法／巻く　時期／11月〜12月

ドイツでアドベント（P.38 参照）の期間、各家庭に飾られるリースは、材料や色合いもさまざま。
ここでは寒さに打ち勝つ勝利者のシンボルである常緑樹と、
新しい生命の象徴である実ものなど伝統的な材料を選択しました。
くすんで見えがちなモミやヒバにツヤのあるヒイラギやサンキライの実を合わせ、
互いを引き立てることで聖なる夜の華やかさを表現しています。

Point
・常緑樹の魅力を十分に伝えるため、
各材料の質感や色の違いを明確に
しながら巻き留める。
・ヒムロスギのふわふわとしたボリュー
ムを生かすことでリースが華やかに。
・最初は小さめのリースで練習を。

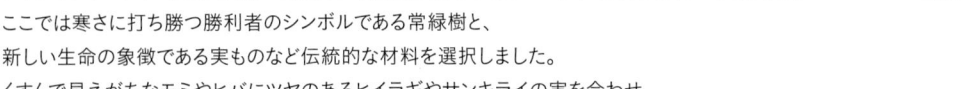

花材 Flower&Green

1 モミ クリスマスらしさを強調する材料。ここではサブ材料として量を控えるが、その質感や形状から目立つ存在。(20cm 5 本)

2 サンキライ 新しい生命の象徴である実ものとして。常緑樹の緑に対しての補色の赤を使い、印象を強める。(25cm 6 本)

3 西洋ヒイラギ 大きさの違うヒイラギを繰り返して変化をつける。(30cm 3 本)

4 ゲッケイジュ おもにリースの裏面に使用。(20cm 10 本)

5 ヒムロスギ 平面的なコノテヒバに対し、立体感のある葉でリースにボリュームを出す。(40cm 5 本)

6 ヒメヒイラギ 邪気を払う象徴性を持つ材料。ツヤや形も面白い。(25cm 5 本)

7 マツカサ 実りを象徴し、クリスマスらしさを強調する実もの。(10 個)

8 コノテヒバ リースの本体を構成する主要材料。持ちがよく色や香りもよい。(20cm 10 本)

資材 Material

- 稲ワラのリースベース(直径 28cm／ P.33 参照)
- リースワイヤー
- ♯ 22 または 20 地巻きワイヤー

実際に使用する材料の量。各材料の主張(P.15 参照)の度合いを考慮して量の配分を決める。ヒムロスギのようにボリュームを出すための材料は多めに用意すると安心。

作り方 How to make

1 すべての材料を枝分けし、使いやすい長さに花ハサミで切り揃える。短くすれば細かなリズムを刻み、長くすればおおらかで力強い印象になる。ここでは 10 〜 15cm を目安にカット。捨てるところがないよう、半端で短いものも使用する。

2 カットした材料は種類ごとに並べる。それぞれを分配しやすいように 4 等分に分けてまとめて置いてもよい。リースを 90 度ずつ 4 分割して考えた場合、各パーツに使用する量の目安になる。

035

3 リースベースの左上に最初のひと巻き用の材料を置き、リースワイヤーで巻き留める。ここで使用する材料はコノテヒバやヒムロスギなど弾力性があり折れにくいものがよい。最後にこの材料をめくり、巻き終わりの材料を入れるため。

4 次の材料をずらして置き、巻き留める。サンキライやヒイラギも入れる。裏面にもゲッケイジュを中心に材料を入れる。内輪には短めの材料、外輪には長めの材料を使用。常に材料の先端は時計回りの向き、巻いていく方向は反時計回りで。ワイヤーは右手で持ち、材料は左手で運ぶ。

5 材料をずらしながら加えて巻き留めていく。内輪側と外輪側の裾は台に着くように展開する。中心部分は密度があり、両側にいくにつれてばらけ、180度展開するように。内輪のカーブをきれいな円を作ることを意識しながら構成すると、リースの完成形が美しく見える。

6 リース全体の輪郭が見えてきたら太さや表現を確認し、輪郭を保つように同じリズムで材料を巻き留めていく。同じ長さの材料が続くと立体感が失われるので、途中で短い材料を使って高低差をつける。裏面にも材料が入っているかチェック。もし忘れてしまい間隔が空いていたら、完成後にその部分に葉を挿し込むか、貼り付けて修正することも可能。

7 2/3程度まで材料を巻いたら、残りの材料の量、全体のリズムをチェック。この段階になるとリースが細くなったり太くなったりしてくることがあるので注意が必要。

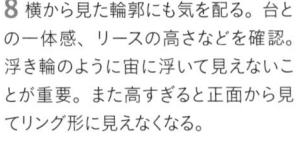

8 横から見た輪郭にも気を配る。台との一体感、リースの高さなどを確認。浮き輪のように宙に浮いて見えないことが重要。また高すぎると正面から見てリング形に見えなくなる。

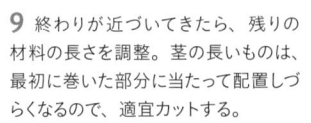

9 終わりが近づいてきたら、残りの材料の長さを調整。茎の長いものは、最初に巻いた部分に当たって配置しづらくなるので、適宜カットする。

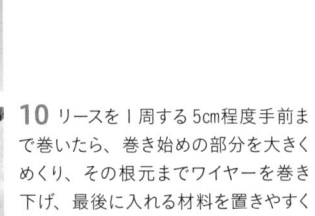

10 リースを1周する5cm程度手前まで巻いたら、巻き始めの部分を大きくめくり、その根元までワイヤーを巻き下げ、最後に入れる材料を置きやすくする。短い材料が多く必要になるため、カットして用意する。

11 材料を巻き始めの束の根元まで当たるように丁寧に入れ、リースワイヤーで巻き留める。少し多めに巻く。材料を下ろしたときに自然につながり、巻き始めがわからないようになればよい。

12 リースワイヤーを少し前に戻るように空巻きし、リースを裏返してワイヤーをカットする。ベースに巻いたワイヤーの間に1〜2回ぐらせて固定。再度ワイヤーを短く切り、先端をワラの中に挿し込む。

13 壁に掛けるためのループを取り付ける。♯22地巻きワイヤーをU字に曲げてから上部をひねってループに2本足が付いた状態にする。上になる部分を決めてリースを裏返し、ワイヤーの一方の足をワラの土台に挿し、下から突き出た部分をもう一方の足と合わせてねじり、しっかりと固定する。

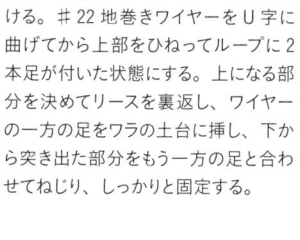

14 装飾用の材料（ここでは#20地巻きワイヤーでワイヤリングしたマツカサ）を土台に挿す。ワラの土台の利点は、リースにボリュームを出せることと、装飾物をしっかり固定できること。ボリュームに不十分な箇所がある場合、ワイヤリングした材料を挿して調整をすることも可能だ。

15 最後にしっかりとチェック。リースと台に一体感が出るように内輪側と外輪側の材料を台に向かって開くように手で整え、浮いて見える部分がないようにする。リースの中心部分は立体感が出るように立ち上げる。

16 完成。見せたい材料は中心部分だけでなく、内輪側と外輪側にも配置されていることが大切。裏面に入れる材料は、飾る場所（テーブルや壁）をワイヤーや枝などから保護する役割があるため、見栄え以外のことも念頭に置きながら制作する。下の写真は、裏から見た様子。

アドベントリース

技法／巻く　時期／11月〜12月

クリスマスの4週間前の日曜日から、
アドベント（キリストの誕生を待ち望む準備期間。待降節）と呼ばれる期間が始まります。
アドベントまでに、人々は家の庭、入口、窓、室内のさまざまな場所を、
クリスマス一色に飾りつけます。
終わったら、飾りつけたテーブルを囲み、家族皆でお茶を飲みます。
そのテーブルに欠かせないのがアドベントリースです。
日曜日ごとに1本ずつキャンドルに火が灯され、
クリスマスツリーとともに室内を温かく彩ります。

Point
- 粗いイメージの材料を、立体感を出すよう巻き付ける。フォーカルポイントはキャンドルやオーナメントなどの飾りの材料で作る。
- キャンドル4本は対角の位置に挿す。そのほかの飾りの材料は、バランスをみて寂しいところがないように配置。

花材 Flower&Green

1 イタリアンカラマツ　やわらかくボリュームがあり、大小あるので使いやすい。空間を埋めたり、動きをつけたりして、トウヒの補佐をする役割。（20cm 6 本）

2 トウヒ　クリスマスの針葉樹を代表するもの。下準備の写真を参考に、使いやすいように無駄なくカットしておく。（25cm 7 本）

3 西洋ヒイラギ（斑入り）　魔除けの意味を持つヒイラギ。明るい色のアクセントのベージュが、リンゴの色と連動していて美しい。（25cm 3 本）

4 西洋ヒイラギ（実つき）　びっしりとついた実が、実りの象徴性を強調。輝くような質感も面白い。リンゴの大きさとバランスをとる。（25cm 3 本）

5 ユーフォルビア・スピノーサ　裂いて形や長さを自由に変える。リースに動きを出し、マツカサの点在と調和。（30cm 5 本）

資材 Material

・稲ワラのリースベース（直径 30cm／ P.33 参照）
・リースワイヤー　・♯20 地巻きワイヤー
・♯18 ワイヤー　・竹串

トウヒの下準備

1 トウヒは少しかたいので手袋をして作業する。裏側からハサミを入れる。モミの場合も同じ。

2 ハサミは下から上に向かって入れ、切り口が斜めになるように10〜15cm程度の長さにカットする。

3 このように裏側からハサミを入れると、表にしたときに下の枝の先端の切り口が隠れた状態に。

飾り Decoration

1 キャンドル　アドベントの 4 回の日曜日に合わせて 4 本使用。形は棒状または円柱形が一般的。♯18 ワイヤーを取り付け、安全のためにリースにしっかりと固定する。（4 本）

2 ガラス製のオーナメント　輝きのある装飾材料を使って、楽しいクリスマスの雰囲気を高める。Uピン状にした♯18 ワイヤーをかける。（6 個）

3 マツカサ　針葉樹の実が使用され、実りの象徴としての役割を果たす。♯20 地巻きワイヤーをかける。（12 個）

4 リンゴ　マツカサ、オーナメント、リンゴのどれを配置するか、表現したいリースによって判断。リンゴも実りの象徴。ほのかな赤は色のアクセントになる。芯のかたい部分に竹串を刺す。（4 個）

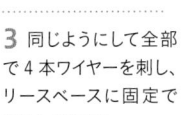
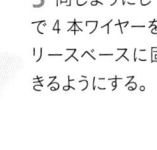

キャンドルの下準備

1 ♯18 ワイヤーを 10cm程度の長さにカットし、火であぶる。このときペンチなどを使うとよい。

2 十分に熱したら、キャンドルの底に刺す。安定性のため、先端が2cmは入るようにする。

3 同じようにして全部で 4 本ワイヤーを刺し、リースベースに固定できるようにする。

1 基本的な作り方は P.30 のリースと同じ。稲ワラのベースに、形、高さ、質感などが同じにならないように材料を並べ、内側から外側へ向かってリースワイヤーで巻いていく。内輪と外輪の裾が台に着くように配置する。

Check 真上から見た様子。リースの輪郭の曲線に合わせて、長い材料は外輪側に入れて流れを作り、短い材料は内輪側に入れていることがわかる。象徴性（P.41 参照）を表す実ものは見える位置に配置されている。

2 実ものは低く、長さのあるものは高めに流し、面の葉は線の材料との境にくるようにすると、立体的に見える。材料は、乾燥してくるとやせるので、しっかりときつめに巻き留めること。こうすると、ドライになった材料も長く安定させることができる。

5 ワイヤーの足を取り付けたキャンドルを、ベースを狙って挿す。ワイヤーが長すぎた場合はワイヤーの先を下でカットするか、または曲げて下から引っ掛けるようにベースに挿す。4 本を対角の位置に配置する。

3 材料でベースを 1 周したらワイヤーをしっかり引っ張ってカットし、リースワイヤーを切り、1 ～ 2 回ベースに巻いた裏側のワイヤーの間にくぐらせる。持ったときに手に刺さることのないように先端をワラの中に挿し込む。

6 キャンドルとキャンドルの間にリンゴを真っすぐに挿し、ワイヤーをかけたマツカサとオーナメントをキャンドルの足元に、横を向くように配置する。オーナメントも同様に。

4 形を丸く整え、内輪側、外輪側とも裾が台に着くように材料を手でならす。テーブル装飾としての安定感を持たせるため。

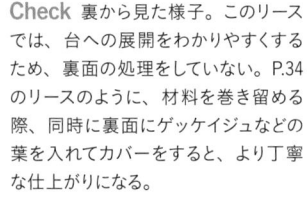

7 オーナメントとマツカサは、バランスを見て外輪側だけでなく、内輪側にも配置する。

Check 裏から見た様子。このリースでは、台への展開をわかりやすくするため、裏面の処理をしていない。P.34 のリースのように、材料を巻き留める際、同時に裏面にゲッケイジュなどの葉を入れてカバーをすると、より丁寧な仕上がりになる。

8 リースの完成。真上から見た様子。どの方向から見ても、同じような雰囲気が出るように装飾することがポイント。

クリスマスの造形について

アドベントの期間から、クリスマス、新年に至るまで、リースをはじめとする花飾りには、常緑樹や実もの、キャンドルが使われます。これらは、この時期の喜びや信仰のシンボルとなっており、使われる色にも象徴的な意味合いがあります。ドイツでも最近ではその年の流行に合わせてさまざまな色が使われますが、基本を再確認しておくことは必要です。

材料には、新しい生命や生きる喜びを象徴するため、生花や常緑樹が好んで選ばれます。枝のみ、常緑樹のみ、または花のみでぎっしりとリングを埋めたものなど、シンプルなリースほど象徴性が際立ちます。

リズム感のある連続性が明確なリースは、象徴性も明確に伝わります。

常緑樹
古来より冬に打ち勝つ勝利者で、魔術的な力が備わっていると信じられていました。葉の「緑」は希望を表わします。

実もの
人間を邪悪な権力から守るとされ、供物とされていました。また冬が過ぎて誕生する新しい生命の象徴でもあります。実ものの「赤」は愛、力、生命の色を表現します。

キャンドル
寒い冬の間に、明るさと暖かさをもたらしてくれる存在。光の「黄」は、光と暖かさを表します。

正月のリース 技法／巻く　時期／１月

正月に似合いそうな植物で作る、楽しそうなイメージのリースです。
正月飾りに欠かせない邪気を払うマツに、
実りへの感謝を込めてワラとイネ、キンカンを合わせました。
保護のため裏に入れる葉も、縁起のよい扇形であることからイチョウを選び、
リースに不可欠な象徴性を持つ材料を揃えています。
全体的に丸みを帯びた材料を強調して、
「楽しいお正月」を表現しました。

Point
・マツの空間を生かしやすいように、番線の芯に材料を巻き留める方法で制作。
・枝のかたい材料が多いので、リースワイヤーはしっかりときつめに巻く。
・マツをメインにしながら、稲穂などの流す材料とマツカサなどの装飾材料で変化をつける。

花材 Flower&Green

1 イチョウの葉　リースの裏側をカバーする面の葉として使用。（30枚）

2 ナンテンの葉　面の葉として細かい材料の間に入れ、並びにメリハリをつける。（20cm 5本）

3 キンカン　実りの象徴。内輪、外輪ともに配置するが、中心部分に入れてリースのフォーカルポイントを作る。（20cm 8本）

4 稲穂　実りの象徴。垂れる様子をリースの輪郭に合わせる。（20cm 6束）

5 ゴヨウマツ　おもに底辺を作る、ボリュームのある材料として使用。（25cm 5本）

6 イタリアンカラマツ　動きのある枝。リースの輪郭を作る材料。（20cm 10本）

7 マツカサ　キンカンと同じような使い方。均等な並びにならないように注意。ワイヤーをかける。（10個）

8 稲ワラ　少しの束を丸めてワイヤリング。ほかの丸い材料との調和をとり、遊び心のある楽しそうな雰囲気を作る。（12束）

資材 Material

9 水引　10本　ワイヤリングして使用。
・♯10番線　（直径25cmのリング状・フローラルテープで巻いたもの）
・リースワイヤー　・♯20または22 地巻きワイヤー

作り方 How to make

1 材料は必要なものを巻きやすい長さにカットする。番線で作った芯に、リースワイヤーで材料を巻き留めていく。マツ、パーツにしたワラ、ナンテンの葉などしっかりとした壊れない材料を最初に入れる。

2 壁に飾るリースなので、むき出しの材料で壁を傷つけることのないよう、裏側を面の葉でカバーする。ここではイチョウ。材料を巻き留める際に一緒に入れていく。

3 流れを出す材料として稲穂や、稲ワラを入れる。キンカンの枝は長めに残して使用。材料が単調に並ばないように高低差をつけ、上にかかる材料の下には底辺を作る低い材料がくるように。裏も見ながら丸い輪郭を作っていく。

4 裏に入れるイチョウの葉はウロコ状になるようにずらしながら配置する。

5 流れを出す材料は奥行きと空間を出すために、リースの中心部分だけでなく、外輪と内輪にも入れる。装飾材料のマツカサや実ものも同様に。1周したら、内輪と外輪が台につくよう材料を広げ、安定させる。ワイヤーをつけた水引を挿し込んで完成。

6 裏から見た様子。イチョウの葉で底辺を平らにすると、壁にかけたときに安定する。

アージェンタムのリース

技法／巻く　時期／11月〜12月

リューカデンドロンの一種アージェンタムの、
美しく輝く、架空生物の羽根のようなキャラクターを楽しむリースです。
葉のなめらかな質感が、リースの流れと象徴性を強調します。
大きく細めのプロポーションにして、その印象をより強めました。

Point
・葉は1枚ずつていねいに剥ぎ取って使
　用。大きさを整理すると構成しやすい。
・短い葉は内輪に、形の整ったものは中
　心部分、長い葉は外輪に使用。巻き
　終わりの部分は接着剤で留めても。

花材 Flower&Green
・リューカデンドロン‘アージェ
　ンタム’（6本）

資材 Material
・稲ワラのリースベース
　（直径50cm／P.33参照）
・リースワイヤー

リースの太さが太くなれ
ばボリュームや装飾性
が高まり、どっしりと安
定したイメージに。細
めにすると、展開の印
象が外に向かい、軽く
開放的になる。

装飾的でシックなドアリース 技法／巻く　時期／12月

寒色系のドアに飾るイメージで制作したリースです。
長く楽しめるようにドライになる実ものや常緑樹を組み合わせ、
装飾的かつシックに、コンパクトにデザインしました。
乾燥したときにやせないように、材料はしっかりと、
ボリュームを出して巻き留めることが大切です。

 Point ・このリースは稲ワラのリースベースを
使って太く装飾性を高めているが、
P.42 のリースのように番線の芯のベー
スを使うと、空間のある軽い印象に
仕上がる。いずれの場合も、材料の
間隔をあけずにぎっしりと詰めて巻く。

花材 Flower&Green

・ユーカリの実（25cm 10 本）
・ダスティーミラー‘シラス’
（30cm 5 本）
・フィリカ（35cm 5 本）
・ニッキの葉（50 枚）

資材 Material

・稲ワラのリースベース
（直径 25cm／P.33 参照）
・リースワイヤー
・# 20 地巻きワイヤー
・リボン

ドアに掛ける部分は、ループ状にした
地巻きワイヤーを土台の裏側の上部
に挿し込んで作る。下に出たワイヤー
はねじってから余分をカット、ベース
の中に挿して隠す。

静謐な冬の寒さをイメージしたリース

寒い風や雪に覆われ凍りついた自然をイメージして制作したリースです。
白く残るマツヤニが寒さの演出にふさわしいストローブマツの細長い実に合わせ、
常緑樹は長く大きめに切り分けて奥行きと強いリズムをつけました。
グレーがかった材料を選んでいますが、
グレーの色合いが強調されると全体がぼやけるので、
ツヤのある実ものやマツカサでインパクトを出します。

Point
- マツカサはワイヤリングして足を付け、ほかの材料とともに巻き留める。
- 隣り合う材料の色や質感が重ならないように注意。ワラのリースベースを使用した場合に比べて空間と奥行きを出せるため、より冬の寒さを表現できる。

花材 Flower&Green

- オレゴンモミ（40cm 3 本）
- コニファー‘ブルーアイス’（40cm 2 本）
- コニファー‘ブルーバード’（25cm 5 本）
- ダスティーミラー‘シラス’（25cm 5 本）
- ユーカリ・ポポラス（30cm 3 本）
- コロキア・コトネアスター（30cm 5 本）
- シャリンバイの実（10cm 15 本）
- ストローブマツのマツカサ（12 個）

資材 Material

- #10 番線（直径 25cmのリング状・フローラルテープで巻いたもの）
- リースワイヤー
- #24 地巻きワイヤー

Chapter 3

リースの技法 2 「組む」

象形文字のような枝のリース 時期／3月〜6月

このリースを例に 「組む」 の技法を解説します。

技法 2
Technique

「組む」 切り枝を組み上げて作るリース

木の枝の質感や、枝分かれの面白さに興味を持ったことがありますか？
枝をカットしてリング状に組み上げるリースなら、その魅力が生き生きと力強く表現されます。
弾力性のないかたい枝でも、使用可能なテクニックです。枝をカットする際に、その枝が何の枝なのかがわかる程度の長さにすることが、
植物の造形として理想的なリースに仕上げるポイントです。ここでは自然の中で見つけ、その姿に惹かれて集めたシャクナゲを使います。

花材 Flower&Green

■ シャクナゲ　枝分かれした様子が面白く、異なった太
さを持つ枝。枝それぞれがわずかな曲線を持つため、リー
スのリングの形に合わせやすい。（40cm 20 本）

資材と道具 Material&Tool

1 ＃12 番線（直径 25cmのリング状）　リースの芯とな
るもの。ここに材料を、カットしたリースワイヤーで留め
付けていく。

2 リースワイヤー（シルバー）　材料を留め付ける際に、
カットして使用。

3 セロハンテープ　リング状にした番線を固定するため
に使用。

4 フローラルテープ　両面粘着性のテープ。リング状に
形作った番線に巻く。リースの中で目立たない色（黒や
茶色）がよい。

5 花ハサミ　材料を切り分けるために使用。

6 ペンチ　リースワイヤーで材料を芯に固定する際に
使用。

7 ニッパー　リースワイヤーをカットする際に使用。

作り方 How to make ....

1 枝分かれした部分や、曲線を
持つ面白みのある枝をカットし、
組むだけの状態にする。20cmの
長さを目安に、長短はあってよい。
枝が二股に分かれている場合は、
2本を同じ長さにカットしないこ
と。切り口は斜めではなく垂直に。

2 リースワイヤーを18cm長さに
ニッパーでカットし、2つに曲げ
て2重にする。これを必要な数だ
け用意しておく。2重にすることで
強度がつき、円形の芯に枝をしっ
かりと固定することが可能に。

3 P.21「基本資材の扱い1」を
参照し、番線にテープを巻いて
リースの芯を作る。1本目の枝を
土台に固定する。2のワイヤーで
枝と芯を挟み、ループ部分と別れ
た部分を合わせてペンチで引っ張
りながらしっかりとねじって留め付
ける。

4 1本目を留め付けた状態。1周
目はリースの土台となる部分なの
で、太さと丸みのある枝を選択す
る。

5 2本目、3本目と順番に、芯に
沿って配置する。留め付ける際は、
枝を芯に固定するか、枝同士を
固定するか、枝の様子によって判
断する。枝に弾力性はないので、
枝の向きによって決める。

6 枝同士を留め付けている様子。

7 2本目、3本目を留め付けた
状態。リースの中心部の密度を
作るための枝なので、芯の輪から
大きくはみ出ないことがポイント。
枝はすべて時計回りの方向に配
置する。

8 芯に沿って枝を1周留め付け
た様子。基本的には枝の向きや
形に沿っているので、芯の輪が少
し持ち上がっても問題はない。ここ
までですべての枝は安定し、しっ
かりとワイヤーで留め付けられて
いることが必要。

9 留め付けたワイヤーの先をねじり、ニッパーでカットする。残りのワイヤーの長さは、すべて統一されていると見た目に美しい。ここでは約5mmに揃える。

10 リースの内輪の大きさを決め、2周目からはこれを作りながら中心部分の密度をつける。同時に高さとリースの太さも決める。枝の太さや向きをよく見て、似た姿の枝が並ばないよう注意しながら枝を留め付け、リング状に整えていく。

11 上や横から置いたり、必要があれば下からくぐらせるようにして枝を配置。番線の芯があることで、リングの形を保つことができる。中心部分の密度がつき、内輪、外輪の輪郭が整った状態。

Check 斜めから見た様子。内輪、外輪とも材料が台に着いて展開し、一体感があることがわかる。

12 仕上げ用の枝を入れる。このリースの主役である、枝の美しさをもっとも表現できる面白みのある枝を、外側の目立つ位置に数本配置して仕上げる。

13 ここではシャクナゲの葉を1枚だけ残した枝も使用。装飾は好みで。リースの形はしっかりできているので、ここで枝を加えても全体の形が崩れることはない。

14 リースの完成。壁掛け用として制作しているため、座りがよく、横から見ても空間の美しさが伝わることが重要。

Point

・弾力性のない、かたい枝でもリング状に形作ることのできる方法。
・枝をカットするときは、その特徴を生かして長短をつけて切り分ける。切り口は造形的に見せるために垂直に。斜めに切ると攻撃的な印象になるため注意。
・枝の向きはすべて統一し、時計回りの方向を向くように組む。
・土台となる枝の部分は太く丸みのあるものを使用。内輪の大きさが決まり、内部の密度をつけるにしたがって細めの枝を入れる。最後は動きのある枝で装飾する。

サンゴミズキとチューリップ

技法／組む　時期／2月〜3月

しなやかで色合いが美しいサンゴミズキは、リース作りには最適な材料です。
1本の真っすぐな枝をねじりながら巻き込み、輪にすることもできますが、
ここではワイヤーのベースを芯としてカットした枝を重ねるように組み上げ、
1本1本の枝の表情を見せました。
サンゴミズキだけでも十分に魅力的ですが、装飾材料として花を加えれば、
さまざまなシチュエーションに合わせることができます。

Point
- ・枝の特徴をできるだけわかりやすく見せたいの
  で、重なった枝の間に空間ができるように組む。
- ・装飾材料としての花は、ここでは季節が表現で
  きるものを選択。枝の色に合わせ、春を代表
  する花、チューリップを流れるように配置。

花材 Flower&Green

1 サンゴミズキ　長く少し枝分かれしているものを選択。脇枝は残して使用。リースの輪郭を崩しそうな太い部分はカット。切り口は斜めではなく垂直に切る。(1.5m 15 本)

2 黄金ミズキ　色合いに変化をつける材料。冬のイメージの中に春の温かさが強めに出るよう、少し多めに使用。(1.5m 5 本)

3 チューリップ '新拓'　春の代表としてのリースの装飾材料。短くても茎に生命力を感じられる動きのあるものを選択。(8 本)

4 石化ヤナギ　冬のイメージの枝と春の花の間をつなげる役割。(1m 3 本)

資材 Material

・♯10 番線（直径 35cmのリング状・フローラルテープで巻いたもの）
・リースワイヤー（赤）　・保水用キャップ
・フローラルテープ（茶）

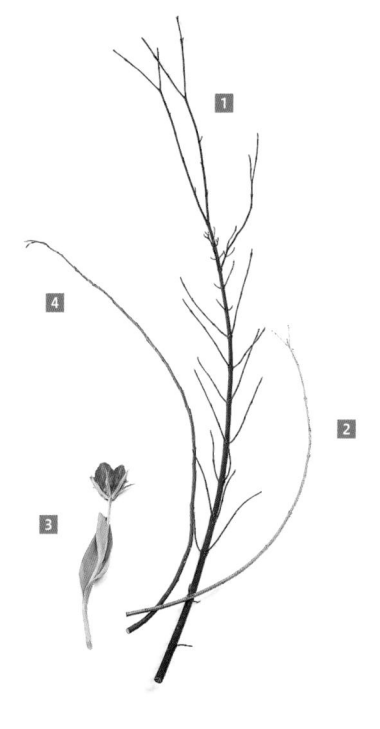

チューリップは余分な葉を除き、長さ5cm程度の保水用キャップで保水して使用。枝の中でキャップが目立たないように茶色のフローラルテープを巻いておく。

作り方 How to make

1 番線の芯に沿って太めのサンゴミズキをあて、カットして 2 重にしたリースワイヤーで固定する。太い枝ははねる力が強いので、3 カ所程度をしっかり固定。1 周目は枝 2 本で明確な輪を作る。

2 土台ができたら続けて枝を組み、リースの中心部分を作っていく。枝の切り口の太い部分が 1 カ所に集中しないように枝を足す。ここでは、番線の芯から自然に膨らんでいくように少しずつリングの大きさを出していくことが重要。そうすることで、中心部分に密度がつき、重心がとれる。

3 枝を留めるときは、3 本をまとめて留め付けることは避け、2 本までに。2 本ずつだと作業がていねいな印象になり、仕上がりも美しい。先端の細い部分は、枝がはねる様子を見せるために、そのままにする。色のバランスを見ながら、黄金ミズキも入れていく。

4 中心部分ができたら、外輪と内輪の展開を意識する。台との一体感を出したいので、外輪の裾の部分には、台に着くように枝を入れる。内輪にも同じく、台に着くような枝の曲線を作る。ここまでで、リースに必要な密度と展開部分ができた状態。

5 細めのものや、枝ぶりの面白いものを使い、表情をつけながらリースの輪郭を作り、仕上げる。材料の雰囲気に合うイメージや太さにすることが重要。ここでは春の生命力や喜びを大きく伝えるというテーマから、輪郭が明確になりすぎないよう、枝の先は自由に残す。

6 保水処理をしたチューリップを枝の間に挿し込む。サンゴミズキの脇枝を残してあるため、チューリップの茎の固定も容易。並んで咲く花のイメージを出すため、きついグルーピングにはせず、リズム感のある配置に。枝の渦のような流れにチューリップが元気に同調するリースの完成。

ソメイヨシノのリース

技法／組む　時期／通年

枝の美しさも素晴らしいサクラ。

特にソメイヨシノの枝は質感が変化に富んでおり、リースに適した材料です。

雄大な枝の様子を損なわないよう、ゆったりと組み、リースにしました。

大らかな自然を幾何学的な形に収めることで、

植物材料への新しい視点が広がります。

Point
・枝は太さが一定しないものを選んだ方が、リースの組み立てにも役立ち、奥行きも出る。枝は曲線を描いているので、リースの輪郭を作るのに適している。

・テーブルに飾るほか壁飾りやドア飾りにしても楽しめる。

花材 Flower&Green

・ソメイヨシノの枝
　（20〜30cm 50本）

資材 Material

・♯10番線（直径38cmのリング状・フローラルテープで巻いたもの）
・リースワイヤー（赤）
・キャンドル（LEDのほうが安心）

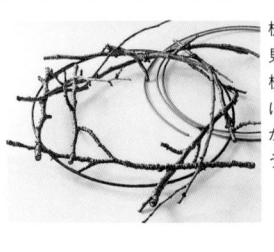

枝のどのような魅力を見せたいのかを考えて、枝の長さを決める。特に短すぎると、何の枝かわからなくなってしまうので注意が必要。

春の訪れを祝うイースターのリース

技法／組む　時期／3月〜4月

生命力の強いネコヤナギや常緑のツゲやアイビーなど、
イースター（キリスト教の行事。春分後の最初の満月から数えた最初の日曜日）の
象徴的な材料を使って制作。
ネコヤナギの枝を長いままワラのリースベースに組みながら固定し、
間にさまざまな材料をワイヤーで留めています。
新しい生命と豊穣の意味をもつ卵の殻をカラフルにペイントし、
たくさんの卵を生む鳥をイメージして羽根をあしらい、
楽しい雰囲気に仕上げました。

Point
・丸い輪郭から外れてしまう枝は、大まかにリースの輪郭ができ上がったあと、スプールワイヤーで巻き留める。
・卵の殻はワイヤリングしてワラのベースに挿す。ワラは季節感を表現するので、ベースをリボンでカバーしない場合は、隙間から見えてしまってもよい。

花材 Flower&Green

・ネコヤナギ（40cm 5 本）
・ヘーゼルナッツの枝（30cm 5 本）
・ツゲ（30cm 8 本）
・実付きアイビー（30cm 5 本）

資材 Material

・稲ワラのリースベース（直径 35cm／P.33 参照）
・リースワイヤー
・スプールワイヤー（シルバー）
・#24 または 20 地巻きワイヤー
・卵の殻（ペイントしたもの）
・羽根

壁に掛けて真横から見た様子。ワラのベースは、ワイヤリングした材料を挿しやすいという利点がある。

秋の自然の色を感じるリース

技法／組む　時期／10月〜11月

秋には剪定された葉や落ち葉の色合いが、私たちの目を楽しませてくれます。
キンモクセイを使い、長く眺めていたい自然の色合いをリースに。
枝から葉が落ちにくいという特性を生かし、
枝ごと鉄のフレームに留め付けて天井から吊るし、
テーブルデコレーションにしています。

Point
・フレームを吊り、回しながら枝をワイヤーで固定。着席した目線で楽しむので、フレームの上部、内側だけでなく下部分にも取り付ける。枝を入れすぎて重くしないよう注意。
・スプールワイヤーでガーランド状にしたヒメリンゴと葉を飾り、より秋らしく。

花材 Flower&Green

1. キンモクセイの枯れ枝と葉（30cm 20 本）
2. ファーガス・スタビライザ（30cm 3 本）
3. ヒメリンゴ 6 個

資材 Material

・鉄製のリング型フレーム（直径 42cm、軽いもの）
・リースワイヤー（赤）
・スプールワイヤー（ブロンズ）

木桶に使われていた丸鉄輪を再利用してフレームに（左）。吊り下げる装飾は、好きな小物や紙などを季節やイベント、部屋のインテリアに合わせて選ぶとよい（右）。

色について

花のデザインにおいて、材料の組み合わせ、特に色合わせについて頭を悩ますことは少なくないでしょう。本書では、四季の色合いを見本として、多くのリースを制作しています。春には、茶色い冬色の中に春の黄色を添える、冬の冷たいグレーの中に春のパステルカラーを入れる、ツヤ消しのパステルカラーで冬のニュアンスを残すなど。

初夏には、黄緑の葉物に少しの寒色を添えるとか、ツヤ消しのグリーンの中に白やパステルを少しずつ合わせるなど。盛夏には色鮮やかに、ブルーベース、イエローベースを強弱をつけながらミックスし、植物が力いっぱい成長を謳歌する様子を表現します。

夏も終わり秋の声を聞く頃になると、盛夏の鮮やかさに黒を混ぜたような、成熟のイメージを作ります。ツヤのある赤やオレンジの実ものも合わせやすくなります。枯れたような茶色を合わせると、秋の深まりを感じさせることができるでしょう。

冬には、乾いたツヤ消しの茶色が、光による陰影の美しさを見せてくれます。常緑の濃いツヤのある緑や、細く線的な葉の緑も雪や氷を連想させ、冬のイメージを演出します。

1年を通して、身近な自然の色の移り変わりに目を向けましょう。また1日の間にも、自然はさまざまに変化する色のステージを見せてくれます。

四季を通してさまざまに移り変わる自然の色合いを、リースにも取り入れてみましょう。

ヤシャブシのリース

技法／組む　時期／2月〜3月

冬も終わりを迎える時期の花飾りには、
枯れたものとフレッシュなものを組み合わせた表現が似合います。
ここではヤシャブシで作ったダイナミックなリースに、春の球根つきのスイセン合わせました。
待ちきれない春の喜びを、線の重なりで表現しています。
枝とスイセンをつなげる役目としてシマススキを入れました。色と曲線の流れが、温かみを演出します。

Point ▶ ・ヤシャブシは曲げるとその枝らしさが失われるため、根元の直線部分は見えるように長く残しながら、その直線の連続で輪に見えるように組む。
・スイセンは枝の間に置くだけで固定されるようにしたいので、花留めとして機能するような枝の間隔を意識して組む。

花材 Flower&Green

1 ヤシャブシ　日本固有の枝物。実がついた枯れた枝を使用。短くカットせずにそのまま用い、かたく力強い枝の様子を表す。（80cm 15 本）

2 スイセン‘テタテート’　小ぶりな花を持つこの品種の鉢をばらし、球根ごと使用。春の鮮やかな黄色が特徴的。花の向きでリズム感や楽しさを表す。（球根 10 個）

3 イトススキ　枯れてうねるような曲線が、枝とスイセンの横線と縦線のコントラストを和らげる。（50cm 10 本）

資材 Material

・♯ 10 番線（直径 34cmのリング状・フローラルテープで巻いたもの）
・リースワイヤー

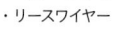

作り方 How to make

1 番線で作った芯に、リースワイヤーでヤシャブシを組んでいく。枝はカットして短くはせず、その特徴がわかるように直線の部分は残しながら、輪の形になるように枝を重ね、留め付けていく。

2 裏から見た様子。底辺となる枝は芯にしっかりと固定され、その上に何本もの枝を重ねて組みリースの形を作っていることがわかる。底辺と台とに一体感が出るようにすることも重要。スイセンは置くだけで固定されるように、枝の間隔を考えて枝を組む。

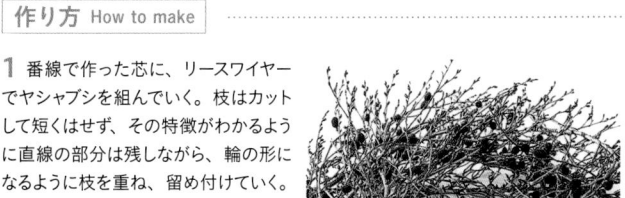

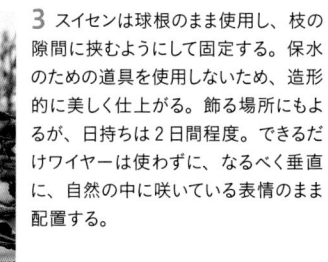

3 スイセンは球根のまま使用し、枝の隙間に挟むようにして固定する。保水のための道具を使用しないため、造形的に美しく仕上がる。飾る場所にもよるが、日持ちは 2 日間程度。できるだけワイヤーは使わずに、なるべく垂直に、自然の中に咲いている表情のまま配置する。

4 スイセンは均等配置にならないよう、リズム感を意識してリース全体に配置する。周囲にイトススキを挿し込んでリースの完成。このようなリースはパーティーやイベントの会場装飾など、飾る期間が短い場合に適している。花をより長く楽しむには球根を切り離し、P.53 のように保水キャップを利用するか、球根ごとコケで覆って保水をする。

木々の魅力を伝えるリース 技法／組む　時期／10月〜1月

リースの材料が豊富な秋には、気に入った材料を一つ見つけ、
よく観察してその魅力を伝えるリースを制作しましょう。
枝に弾力があり、カミソリのような形状が面白いニシキギのあらゆる部分を適材適所に配置しました。
ニシキギの近くに生えていたサンゴミズキの赤を少しだけ秋のアクセントに。
枝で組んだリースはオブジェのように何年も飾ることができます。

Point ▶
- ニシキギの枝の細い部分は折れやすい。特に後半の見える部分を巻き留める際には注意する。
- 曲線、直線、分れている様子など、枝の魅力が伝わる構成を考える。
- できるだけ多めの本数で構成したほうが、材料のボリュームが伝わりやすい。またリースは内輪が丸く見えると、全体も丸く美しく見える。

花材 Flower&Green

1 ニシキギ　枝の様子が個性的。硬質な印象に見えて実はかなり柔軟性のある枝物。（30 〜 60cm 30 本）

2 サンゴミズキ　市販品は直線的な形が多いが、自然の中で育つものは分かれた枝の形が面白い。柔軟性のある枝物。（40cm 3 本）

資材 Material

・＃ I0 番線（直径 35cmのリング状・フローラルテープで巻いたもの）
・スプールワイヤー（ブロンズ）

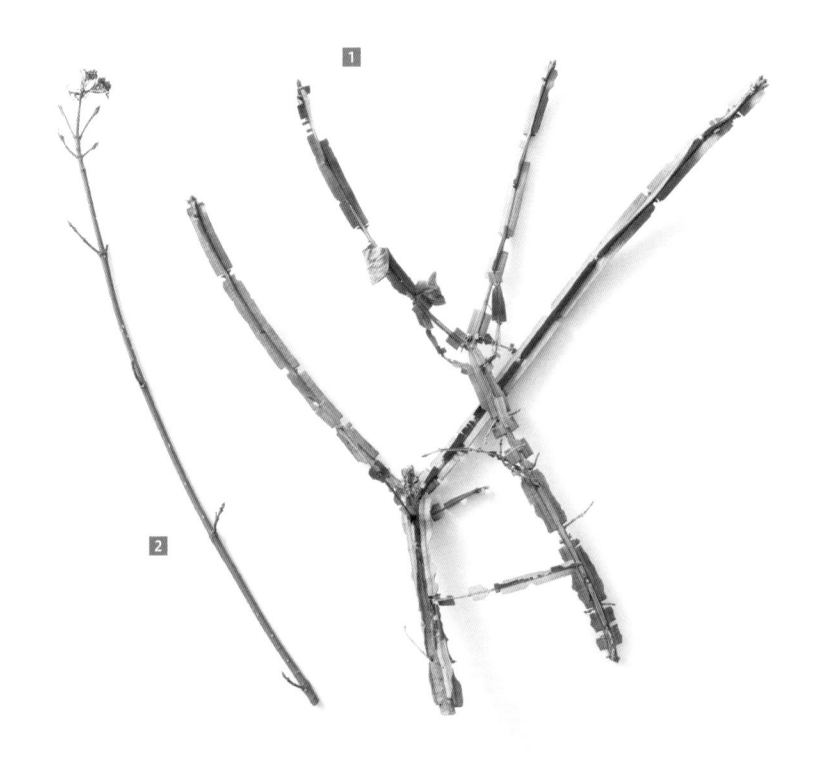

作り方 How to make

1 ニシキギの枝は使う前にしならせ、やわらかくしておく。枝がどの程度曲るのかを確認しながら構成を考える。

2 番線の芯は見える可能性もあるので、黒いフローラルテープで巻いておく。長めの枝 3 〜 4 本で I 周目を作る。スプールワイヤーで枝を芯に 2 重に巻き留め、ワイヤーの先端と長い部分を合わせてペンチでねじって締め、ニッパーで枝から 3 〜 5mmのところでカットする。

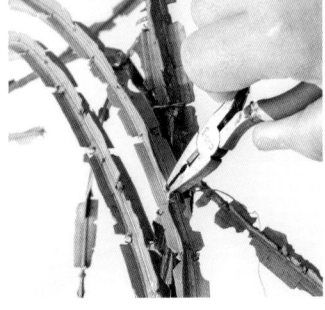

3 カットするワイヤーの長さは、すべて揃っていると見た目に美しい。枝がやせるとゆるむ可能性があるので、しっかりときつめに締めておく。どこにどの順番で構成していくかは、枝の向きや流れをよく見極めながら行う。内輪と外輪の輪郭を作ることを意識しながら留め付ける。

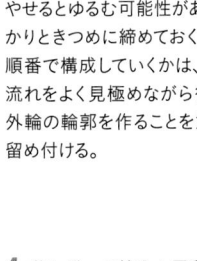

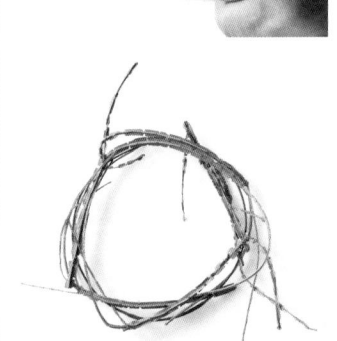

4 芯に沿って枝を I 周留め付けた様子。ここから 2 周目、3 周目と枝を足していく。最初の 3 分の I 程度の材料は中心部分となるので密度をつけ、徐々に空間を取りながら、目指す輪郭に近づくように構成する。壁掛けの場合は外輪と内輪の裾の部分が台に着くようにすることが重要。サンゴミズキは色のアクセントなので、最後に挿し込むように入れる。

温かみのあるキャンドルリース 技法／組む　時期／12月

クリスマスのテーブルを彩るキャンドルリースです。
ニシキギをリースの形に組み、クリスマスに欠かせない魔除けの象徴であるヒイラギを合わせ、
キャンドルホルダーとキャンドルを飾りました。
ホルダーの形と色、ミツロウのキャンドルがどこかクラシカルで、
温かみのある食卓の演出にぴったりです。

Point
・ニシキギの実は実りを象徴するので、落とさずに使用。ヒイラギは枝を隠さないようにポイントで入れる。
・キャンドルは量を使い、希望の象徴である光の印象を強める。
・枝の角ばった様子を強調するため、枝は短めにカットして組んでいる。

花材 Flower&Green

・ニシキギ（20cm 30 本）
・ヒメヒイラギ（20cm 3 本）

資材 Material

・#10 番線（直径 32cmのリング状・フローラルテープで巻いたもの）
・リースワイヤー（ゴールド）
・キャンドルホルダー
・キャンドル

ドイツで購入した、アルミ製のクリップ式キャンドルホルダー。皿の部分が可動式になっているので、枝の向きに合わせて位置を調整することも可能。

タイサンボクのオブジェ 技法／組む 時期／11月

自然の木の様子を抽象的に見せるリースのオブジェです。
タイサンボクは成形しやすく、力強い葉の色や形、質感が晩秋の表現にふさわしい植物。
角材にドリルで穴を開け、長さ1.2m程度のしっかりしたタイサンボクを2本立て、
番線の芯に巻き留めてから長さ70cm程度の枝を時計回りに流れるように足しています。
ガマズミを合わせ、残る秋の印象を強めました。

Point
- 大きな葉の連続で目線が止まらないよう、カロライナジャスミンの蔓を入れて流れを強調する。
- どの方向からも美しく見えるように作ることが大切。

花材 Flower&Green

- タイサンボクの枝と葉
  （1.2m 2本、70cm 1本）
- ガマズミ（30cm 2本）
- カロライナジャスミン（70cm 2本）

資材 Material

- 角材
- ＃10番線（直径45cmのリング状・
  フローラルテープで巻いたもの）
- リースワイヤー（ブロンズ）

赤い実の色が秋の名残を感じさせる
ガマズミは、タイサンボクの葉の裏の
色に合わせて選択。リースの左側に多
めに配置し、アシンメトリーの構成に。

Chapter 4

リースの技法 3・4 「刺す・貼る」

ツバキのウロコ状のリース 時期／通年

このリースを例に「刺す・貼る」の技法を解説します。

技法 3・4
Technique

「刺す・貼る」 葉や花びらを連続させて作るリース

葉や花びら、実など、植物の美しい一部分を並べ、その魅力を鑑賞するリースです。

同じものを輪の中に連続させることで、リースの象徴性をうまく表現することができます。

平面的で弾力性のある材料なら、糊で貼ることもできますが、ここでは多少の凹凸があったり曲げにくかったりする材料でも

立体感を出して構成可能なように、Uピンで刺して固定する方法を紹介します。独特のツヤが魅力のツバキの葉を、ウロコ状に並べます。

花材 Flower&Green

■ ツバキの葉　色濃く、かたく成長したものを使用。重厚でシックな印象を持ち、色変りが遅い。新しく若い葉は明るくツヤがあるが、色変りは早い。どのような成長具合の葉を使用するかはリースの使用目的によって選択。（100枚）

資材と道具 Material&Tool

1 稲ワラのリースベース（直径25㎝）　稲ワラを番線に巻いて作ったベース。ピンが刺しやすく、材料を固定させやすい。作り方はP.33参照。リースベースは台にぴったりと着くように底辺を平らにして置き、安定させる。断面がカマボコ状になるイメージで。

2 ♯20ワイヤー　シルバーの地金タイプのもの。カットしてUピン状に曲げ、葉を刺し留める際に使用。

3 ニッパー　ワイヤーをカットする際に使用。

4 花ハサミ　葉を切り揃えるために使用。

作り方 How to make

1 ツバキの葉は重ねたときに安定感が出るよう、葉元から1/4程度を花ハサミでカットして揃える。

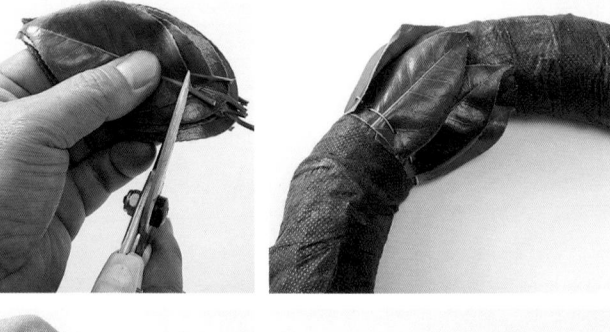

2 ワイヤーは1本を8分の1等分（約5.5cm）にニッパーでカットし、Uピン状に曲げる。フローラルナイフの持ち手にのせ、ワイヤーの両端を押すようにして下に曲げるとよい。

3 Uピンにするワイヤーは♯22～20が適当。長さは、あまり短いと外れやすいが、リースベースの中で刺す際に邪魔にならず、ある程度深く刺せるのがこの長さ。

4 リースベースの左の、内輪の底辺に近い位置（台に着く高さ）に1枚目の葉を刺す。刺す位置は、葉の根元に近いところで。葉先が時計回りの方向を向くようにする。ここから外輪に向かって広がるようなイメージで葉を重ねて刺していく。

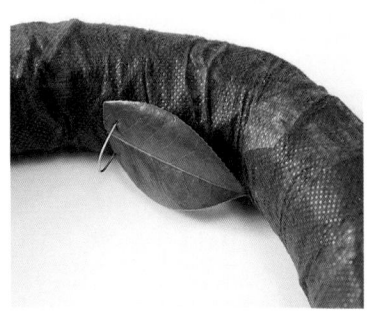

5 内輪から外輪へと葉を重ねて刺し、1周させる。外輪側の台に葉が着いていること。内輪には小さめの葉を、中心部分には葉先の美しいもの、外輪には大きめの葉を使って構成すると、プロポーションがとりやすい。裏面にも葉を入れる場合は、リースベースを裏返して行う。裏面に使用する葉は、平らになりやすいものを選ぶ。

6 葉先はいつも時計回りの方向で。ベースに沿って輪の曲線を描くようなつもりで、ウロコ状に葉を刺す。葉先は先に刺した葉の中央ぐらいで、Uピンが隠れる位置が適当。

7 リースベースを1周したら、最初に刺した葉を持ち上げ、下に葉を入れて刺す。こうすると、始めと終わりが自然につながって見える。リースの完成。

 Point

・きれいなウロコ状になるように葉を刺し留める。内輪には小さめの葉、中心部分には葉先の美しいもの、外輪には大きめの葉を配置して構成すると、プロポーションがとりやすい。

・葉先は、いつも時計回りの方向を向くように揃える。

・テーブルや皿に置いたり、壁掛けを想定したリース。そのため、ワラのベースは底辺の平らなものを使用。底辺部分の葉は、内輪、外輪ともしっかりと台に着くように配置すること。

ニッキの葉のリース

技法／刺す　時期／10月〜2月

ニッキの葉とは、クスノキ科の常緑高木、肉桂（ニッケイ）の葉のこと。
我が家には大きなニッケイの木があり、季節を問わず美しい葉を茂らせます。
緑の葉もよいですが、葉が乾燥し、
葉脈がはっきりと浮き立ってくる姿は立体感があり、
造形要素として面白みがあります。

Point
・リースのベースは、完成の太さに合わせた大きさを用意。
・葉は乾燥させたものを使用するか、青いまで構成し、乾燥していく様子を楽しむ。
・葉柄を見せるリース。葉先を隠し、葉柄がリースの流れを作る向きで刺し留める。

花材 Flower&Green
・ニッキの葉（150 枚）
・ニッキの実（適量）

資材 Material
・稲ワラのリースベース
（直径 28cm ／ P.33 参照）
・♯ 20 または 22 ワイヤー
（U ピン状にしたもの）

葉の大きさ、反り具合が不揃いなニッキの葉をどのような配置でUピンで刺し留めるかは好みによる。規則正しく並べるか、ランダムに自由さを表現するのか。いずれも、リースの流れや連続性が伝わるように構成する。

グレヴィリアのリース 技法／刺す　時期／10月〜2月

葉1枚の存在感と面白さを引き立てるために、単独の素材をリースにしました。
表はツヤがあってはっきりした緑、
裏はビロードのような質感が高貴な印象のグレヴィリア。
色と質感のコントラストが魅力の葉物です。
壁掛けにして飾れば、ドライになるまで長く楽しめます。

Point
・葉の長さと手を広げたように展開する形から、大きく細めのプロポーションに作る。
・葉の裏表のどちらを多く見せるか決めてから刺し留める。葉は下1/3程度を切って使用するが、カットしていない葉もところどころに配置する。

花材 Flower&Green

・グレヴィリアの葉（100枚）

資材 Material

・稲ワラのリースベース
（直径28cm／P.33参照）
・♯20または22ワイヤー
（Uピン状にしたもの）

Uピンで刺し留めていくが、長い葉を曲線の中に収めていくので、輪郭の外に葉先が大きく外れてしまうことがある。その場合は、接着剤を使って留める。

コケのリース 技法／刺す　時期／11月〜2月

寒い冬の印象を強く感じさせるリースです。
木に張り付くように成長するコケの強さや、グレーの色合いが、
真冬の自然の厳しさを表現するように制作しました。
冬の針葉樹、マツの葉をアクセントに挿すことで、
コケの生息地である木をイメージさせています。

Point
・モスはなるべく崩さないようにUピンで刺し留める。小さいものは内側と外側、次に上部にのせる順番で。大きなものはそのまま上からかぶせても。裏はUピンで留めたユーカリでカバー。
・マツはモスの隙間にしっかり挿しリースの輪郭を明確に。

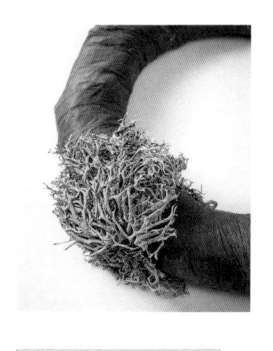

花材 Flower&Green

・オークモス（適量）
・ゴヨウマツ（30cm 1本）
・ユーカリ・ポポラスの葉（40枚）

資材 Material

・稲ワラのリースベース
　（直径40cm／ P.33参照）
・♯20または22ワイヤー
　（Uピン状にしたもの）

ユーカリを先に裏面に刺し留めてからモスを配置する。モスがつぶれるのを防ぐため。細いユーカリの葉は隙間を埋めるためなどに使用する（上）。モスは大部分はUピンで留まるが、不安定な部分は接着剤を使用するとよい（下）。

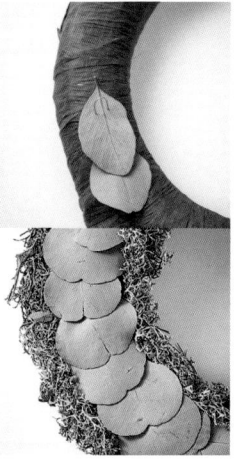

ナンテンのリース

技法／貼る　時期／1月〜11月

新年の装花やクリスマスリースなどにも使用されるナンテン。
真っ赤な実がたわわについた様子は華やかで、お祝いのイメージにぴったりの植物です。
冬に飾られ、和の印象が強い材料ですが、常緑樹で一年中美しい姿を見せるナンテンを、
違う季節にも飾れたらと制作した実もののリースです。
個性のある実や葉の様子をシンプルに楽しみましょう。

Point ・実の並べ方は自由。大きさを揃える、小さいものから大きいものへと変化をつけて並べる、大小をグルーピングするなど、アイデア次第でリースの印象が変わる。ここではランダムな並べ方にし、整った輪郭の中で複雑なリズムを感じさせる構成にしている。

花材 Flower&Green

1 ナンテンの実　実のなる時期についた実を落として乾かしたもの。かたくなってから使用。（リースベースが埋まる量）

2 ナンテンの葉　アクセントとして使用。何の植物の実を使っているのかを伝えるために添える。（20cm 1〜2本）

3 レモンリーフの葉　裏面を美しく処理するために使用。かたく、形が変わりにくい材料。（30 枚程度）

資材 Material

・発泡スチロール製のリースベース（茶色の薄紙を巻いたもの・直径 30cm）
・木工用ボンド（速乾性のもの）

作り方 How to make

1 リースベースの裏面全体に木工用ボンドを均等に塗る。そのままボンドが乾き始めるまで少しおく。

2 レモンリーフの葉を 1 に貼る。葉元の葉柄は、凸凹して平らな面を作りづらいためカットしておく。葉を表に向け、ベースの輪郭に合わせて葉先が時計回りの方向を向くようにウロコ状に並べて貼り付ける。

3 葉を全体に貼った状態。裏面といえども気を配り、美しく仕上げる。裏面から始めることで、表面にナンテンの実を貼り付ける際に上から押さえることになり、葉がしっかり固定される。

4 リースの表面を作る。リースベースの 4 分の 1 程度の面積にボンドを隙間なく塗り広げる。そのまま少しおき、ボンドが乾き始めたらナンテンの実を振りかける。隙間ができたら埋めて、しっかりと固定する。

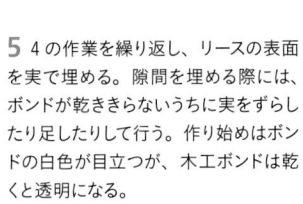

5 4 の作業を繰り返し、リースの表面を実で埋める。隙間を埋める際には、ボンドが乾ききらないうちに実をずらしたり足したりして行う。作り始めはボンドの白色が目立つが、木工ボンドは乾くと透明になる。

6 ナンテンの実をリースの表面全体に貼った状態。横から見て、リースの外輪と内輪の底辺まで実で埋めつくされ、展開ができていることが重要。輪郭からはみ出た裏面の葉が気になる場合は、ベースに合わせてハサミでカットする。上面にナンテンの葉をのせて完成。

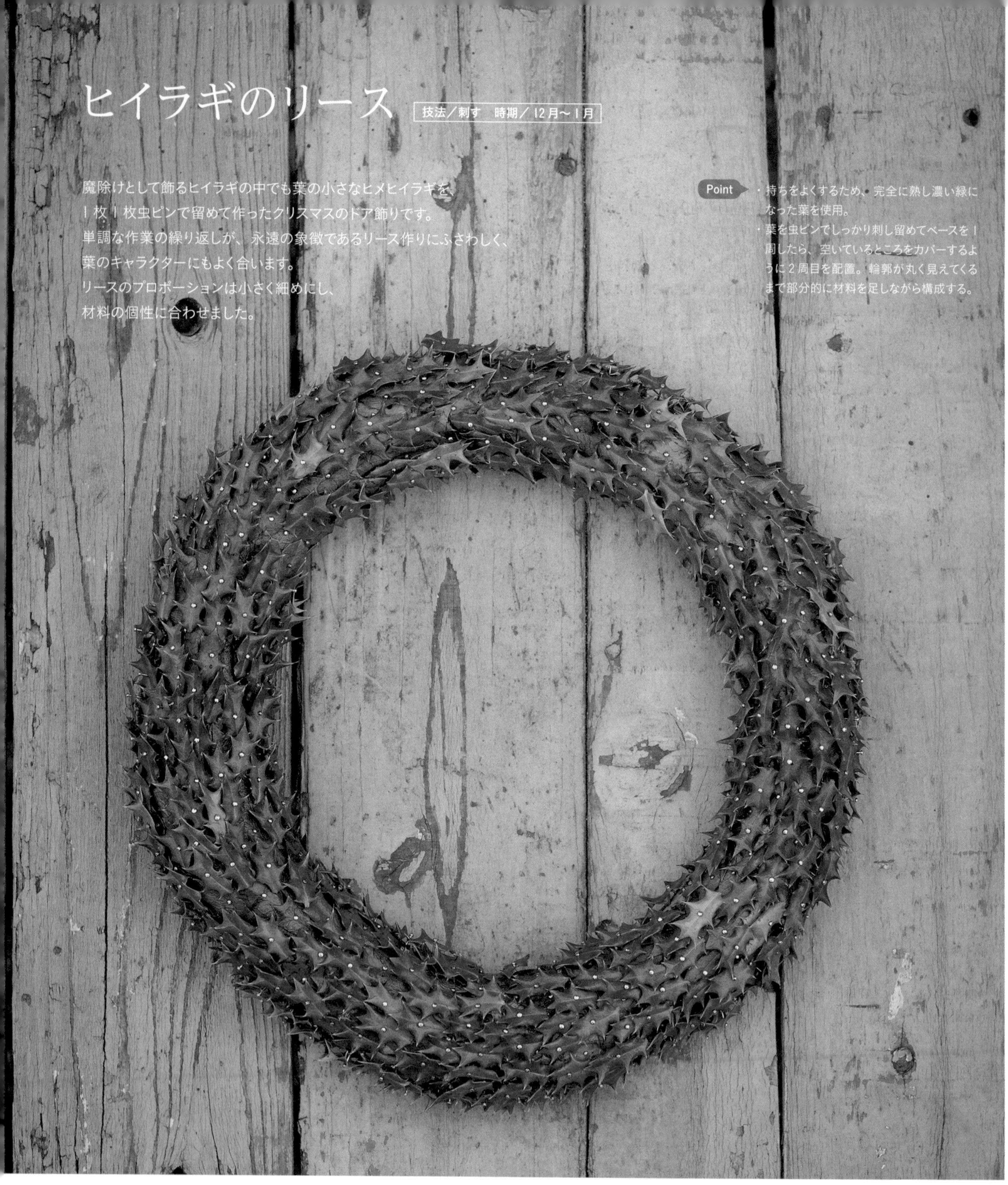

ヒイラギのリース

技法／刺す　時期／12月～1月

魔除けとして飾るヒイラギの中でも葉の小さなヒメヒイラギを、1枚1枚虫ピンで留めて作ったクリスマスのドア飾りです。
単調な作業の繰り返しが、永遠の象徴であるリース作りにふさわしく、葉のキャラクターにもよく合います。
リースのプロポーションは小さく細めにし、材料の個性に合わせました。

Point

- 持ちをよくするため、完全に熟し濃い緑になった葉を使用。
- 葉を虫ピンでしっかり刺し留めてベースを1周したら、空いているところをカバーするように2周目を配置。輪郭が丸く見えてくるまで部分的に材料を足しながら構成する。

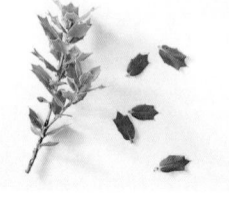

花材 Flower&Green

- ヒメヒイラギ（300枚）

資材 Material

- 稲ワラのリースベース（直径20cm／P.33参照）
- 虫ピン

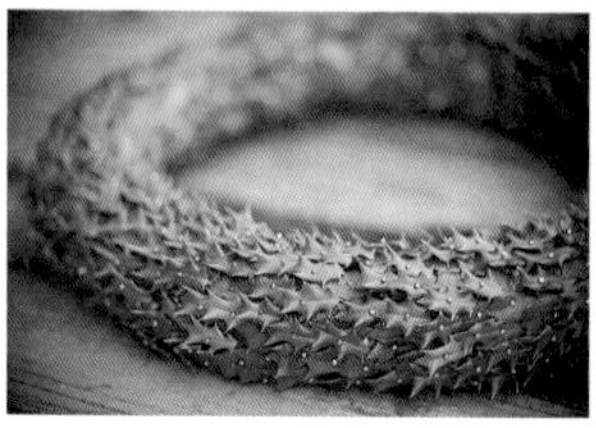

虫ピンを使って材料を刺し留める手法はリースやコラージュでよく見かける。やわらかい枝やかたい葉、実ものなど、虫ピンで刺せそうな材料を探して試すとよい。虫ピンの頭の部分のメタル感が、造形要素の一部になる。

Chapter 5

リースの技法 5 「からめる」

「からめる」
蔓性の植物をからめて作るリース

フレッシュなアカヅルのリース 時期／5月〜9月

このリースを例に「からめる」の技法を解説します。

技法 **5**
Technique

「からめる」 蔓性の植物をからめて作るリース

蔓性の植物を巻きからめて輪にするのは、リースとしての手軽な楽しみ方です。ここでは、切りたてのまだやわらかいアカヅルを材料として選択。
リングの大きさや密度、材料の固定の仕方に注意をし、リースの象徴性を見せることを意識して制作します。
番線で作ったリングを芯として使用。このテクニックに適している材料は、弾力性のある枝や蔓。
アカヅルのほか、ヤナギ、キウイやブドウの蔓、クレマチス、藤の蔓などです。

花材 Flower&Green

■ **アカヅル** 曲線の動きに特徴のある枝物。時間が経つとかたくなり、折れることもあるので、弾力性のある新しいうちに使用する。長さは長いほど、リースの形や流れの美しさが表現できるため、短くカットはせずに使う。（1.5m 10 本）

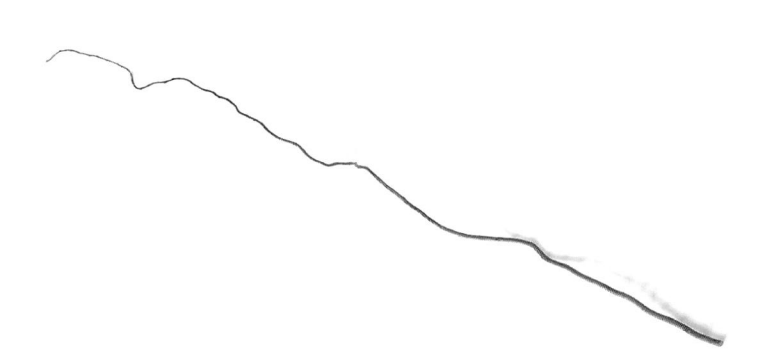

資材と道具 Material&Tool

1 ♯ 10 番線（直径 20cmのリング状） リースの芯となるもの。ここに材料を巻きからめてリース状に形作る。

2 リースワイヤー（ゴールド） 番線の芯に巻きからめた材料を留めるためのもの。短くカットして使用。

3 セロハンテープ リング状に形作った番線を固定するために使用。

4 フローラルテープ 両面粘着性のテープ。リング状にした番線に巻く。リースの中で目立たない色（緑や茶色）を選ぶとよい。

5 花ハサミ 材料を切り分けるために使用。

6 ニッパー リースワイヤーをカットする際に使用。

7 ペンチ リースワイヤーで材料を芯に固定する際に使用。

・そのほか リボン

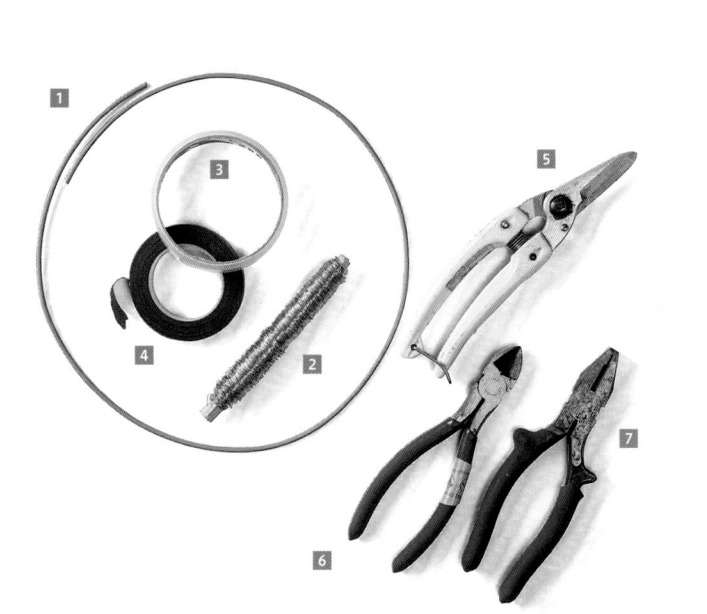

技法 5「からめる」
Technique

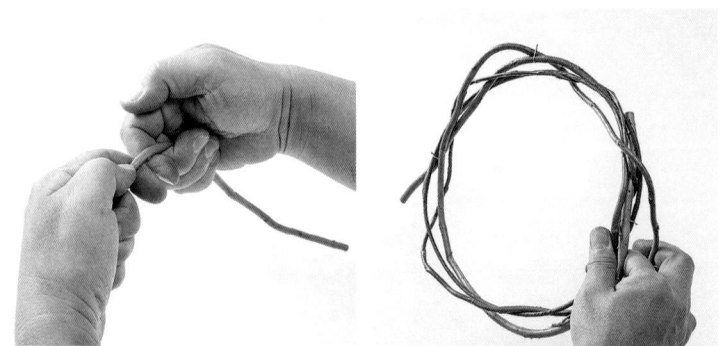

作り方 How to make

1 すべてのアカヅルを軽く矯める。このとき、左右の人差し指をくっつけて離さないようにしながら移動させ、少しずつ曲げていくようにする。すべての蔓を矯めてみて、それぞれがどの程度曲がるのかを確認する。

2 P.21「基本資材の扱い1」を参照し、番線にテープを巻いてリースの芯を作る。1本目の蔓をからめていく。太めのものがよい。出発点は、カットしたリースワイヤー（P.50「作り方2、3」参照）で固定すると作業がしやすい。

3 蔓は根元に近い太いほうを芯に固定し、芯に沿って、時計回りで巻きつけるようにしながらからめて1周させる。巻きの回数はあまり多くせず、ゆったりめに。外にはねる力が強い蔓の場合は、適所をワイヤーで固定する。

4 2本目は1本目の出発点の反対側の位置からスタート。芯と蔓の間をくぐらせるようにして差し込み、ワイヤーで固定しながらからめる。蔓の先端の向きは常に時計回りで。

5 2本目を1周させた状態。

6 続けて、同様に蔓を1本ずつからめていく。材料の約2/3の量は、リースの輪の中心部分の密度を作るためのもの。芯に沿ってあまり大きな空間を作らずに、きつめにからめる。

7 蔓同士を巻き込んだり、からめたりしながら輪を膨らませていく。同時に、リースの外輪と内輪のサイズ、高さを意識し、リースの底辺を作ることも考えて行う。芯を中心に、蔓が全体に均等な太さでからまっていることが重要。

8 不安定な箇所は、ワイヤーで固定する。この部分は仕上がったときにも見えるので、材料のイメージに合う色や材質のワイヤーを選ぶとよい。ペンチを使ってしっかりと巻き留めることが重要。

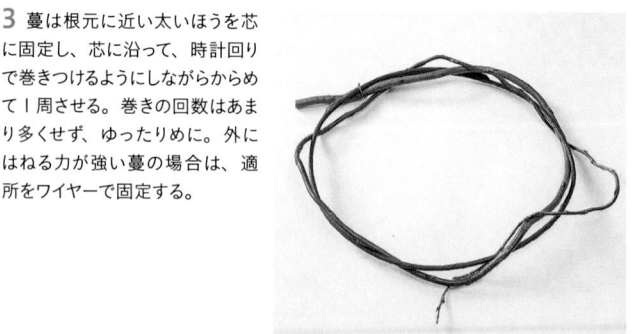

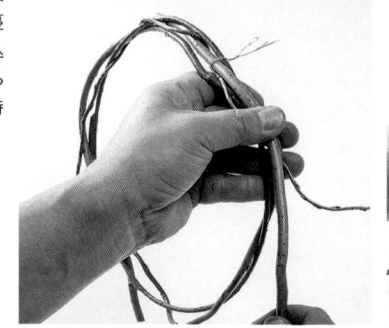

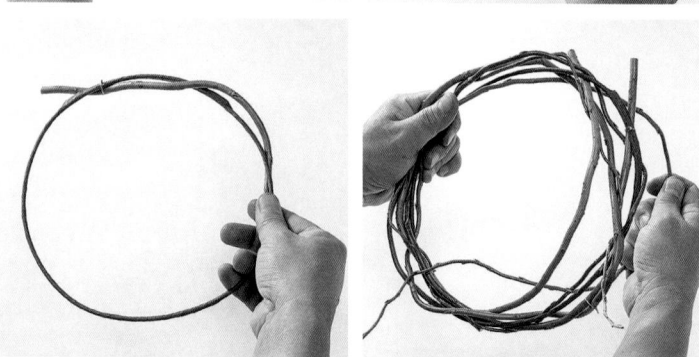

9 中心部分の完成。中心部分の
密度が高いと重心がとれて安定
し、完成後の見た目のバランスも
よい。底辺が台にしっかりと着い
ていることも重要。この段階で 7
本程度の蔓が入っている。

12 リースの完成。壁掛けのリー
スなので、底辺は平らで、外輪と
内輪の裾の部分が台に着いてい
ることが重要。リースの断面が、
カマボコ形であることを想像でき
ればよい。

10 残りの蔓を、仕上げとしてか
らめる。細めでやわらかい蔓が
残っている場合は、蔓の間に挿し
込むだけで固定される。外輪と内
輪の大きさ、高さを意識してリー
スの輪郭を作る。

13 真上から見た様子。蔓の連
続性で流れるようなリースの象徴
性が表現できている。リボンのほ
か、用途に合った装飾物を飾って
もよい。

11 最後は手で押さえ、円形に
なるように調整する。番線の芯が
入っているため、形を安定させる
ことが容易にできる。

・蔓は最初にすべて矯めて、1本1本の弾力性を確認する。
・根元に近い、太いほうを芯にあて、先端の細いほうが時計回りの方向を向くようにして
　からめる。
・全体の 2/3 量の蔓で、リースの中心となる部分を作る。密度を高くして安定させ、残
　りの蔓でリースの輪郭を整える要領で。
・壁掛けを想定したリースなので、リースの底辺が平らで、内輪、外輪の裾が台に着くよ
　うに構成することが大切。

基本資材の扱い 3　リースワイヤー

一般のワイヤーよりやわらかく、巻
いたりねじったりの加工がしやすい
リースワイヤーは、材料を巻き付
けるリースにはもちろん、短くカッ
トし、枝や蔓を固定する際にも使
用します。完成後に見える場合は、
色も考慮しましょう。

P.18 の「巻く」リー
スでは、芯に材料を
巻き留める際に使用
している。

枝や蔓を留め付ける
際にはカットして使
用。見える場合は色
や材質にも留意。

キウイの蔓とクレマチス

技法／からめる　時期／5月〜8月

キウイの蔓は比較的手に入りやすい材料の一つ。
弾力性があり、太さや形も変化に富み、1、2周巻いただけでも様になる独特の表情を持ちます。
蔓の美しさを生かし、少し細めにからめてリースにしました。
これを土台に、さまざまな装飾をすることができます。ここでは線の細いクレマチスを合わせました。
やわらかな緑と白い花が初夏を表現します。

Point
・キウイの蔓は暴れやすいが、番線で作った芯が入ることで、からめるうちに形が歪んでも円形に戻すことができる。完成したリースの強度も高まる。
・本数を増やし、さらに密度を高めて作ることで、ダイナミックで重量感のあるリースにすることも可能。

花材 Flower&Green

1 キウイの蔓　乾燥していないやわらかなものを用意。蔓の表情を生かすため、長いものは長いままで使用する。（1.5m 7本）

2 クレマチス　リースの輪郭に合わせて茎は直っすぐではなく、曲線を描くものを選択。茶色のフローラルフォームを巻いたキャップで保水。（10本）

資材 Material

・♯10番線（直径55cmのリング状・フローラルテープで巻いたもの）
・紙巻きワイヤー　・保水用キャップ
・フローラルテープ（茶）

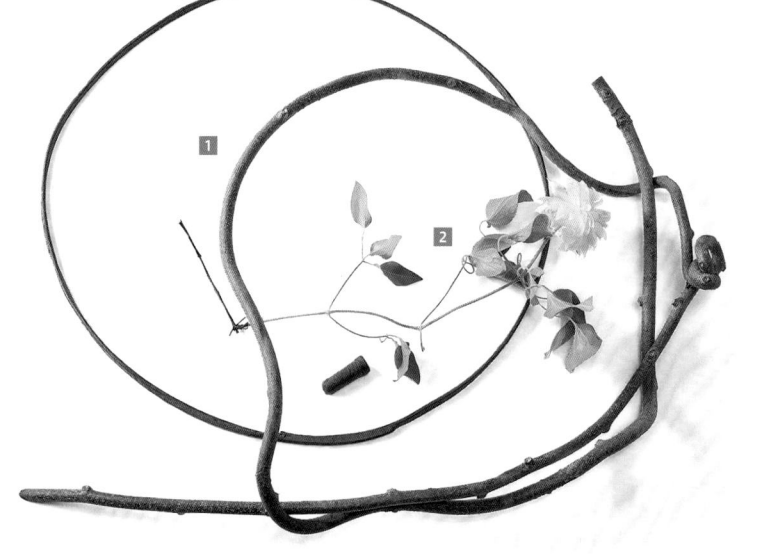

作り方 How to make

1 番線で作った芯に沿って1本目の蔓をからめる。蔓が持つ表情に合わせて無理をせず、自然にリングに沿わせるように。1、2回リングをくぐらせ、蔓の端と端を、短くカットした紙巻きワイヤーで固定する。

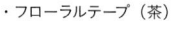

2 2本目、3本目と繰り返し、からめながら巻きつける。最初の何本かは芯に沿ってからめ、リースの輪の中心部分の密度が高くなることを目指す。蔓同士も紙巻きワイヤーで数カ所固定する。

3 蔓を留めるときは、必ず2本ずつ留めること。蔓を固定するワイヤーは見える材料になるので、リースの色やテーマ性に合ったものを選択。今回はやわらかい蔓を使用しているのでワイヤーは1重にしているが、蔓がかたく、はねる力が強い場合は2重にする。

4 中心部分の密度ができてきたら、全体のバランスに注意する。輪の太さが均等になっているか、台との一体感、置いたときの安定感があるかを確認しながら、さらにからめる。

5 欲しい太さと丸い印象、中心の密度、内輪と外輪のリースの底辺がしっかりできていて台との一体感が出ていれば、リースの完成。

6 茎を叩いて保水用キャップに挿し込み、保水処理をしたクレマチスを蔓の隙間にきつめに挟むようにして固定する。リースの本体（キウイの蔓）を隠してしまわないよう、花の量と配置に注意ながらクレマチスを飾る。

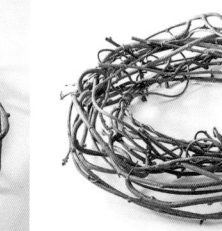

ホップのリース

技法／からめる　時期／5月〜8月

ビール造りの材料としてよく知られるホップは、
春に芽を出し、夏には長く蔓を伸ばし、たくさんの実をつけます。
ドイツでは好んでリースにされ、ビアガーデンなどに飾られます。
コンパクトにまとめてドア飾りや部屋飾りにしたり、大きくゆるやかに蔓を巻いて吊り下げたり。
伸びる蔓と、ひさしのような葉、たわわに実る実の様子をリースにしました。

Point
- 採取したばかりのフレッシュなホップで制作。
  成長の姿や、青々とした葉の色、実の様子を
  生かし、自然な表情を持つリースに仕上げる。
- 仕上げは吊るしてから。蔓を入れて完成させる。
  下から眺めるリースなので、たわわに実る実
  の様子を表現することが大切。

花材 Flower&Green

■ **ホップの蔓**　長く伸びた蔓が美しい曲線を描き、実がたくさんつき、葉が美しいものを選択。蔓はお互いにからみ合っているものもあるが、自然にからんでいるものはできるだけほどかないで使用する。（1m 6 本）

資材 Material

・＃10 番線（直径 40cmのリング状・フローラルテープで巻いたもの）
・リースワイヤー　・スプールワイヤー　・リボン

作り方 How to make

1 番線で作った芯にホップをからめていく。根元に近い部分から、蔓の先端に向かい、蔓の流れや向きに沿って、からめやすい部分をからめていく。蔓の先は時計回りの方向を向くようにする。

Check 蔓の根元の部分は花ハサミで垂直にカットしておく。短く切って 2 重にしたリースワイヤー（P.50「作り方 2、3」参照）を巻き、ペンチでねじってしっかりと固定する。

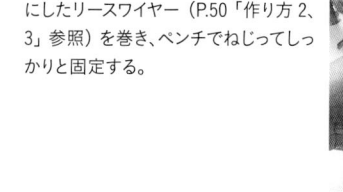

2 芯に 2 〜 3 回くぐらせるようにしながら蔓をからめて 1 周させる。先端は自然にからまるので、根元の部分さえ固定すればよい。さらにワイヤーで留めながら蔓を足し、リースの輪郭を作っていく。線の細い蔓は、スプールワイヤーを使って留める。

3 葉の表面がなるべく表になるようにしてからめるが、裏向きのものが出てきてもそのつど処理はせず、実のつき具合が全体に行き渡っていることに注意しながら作業を進める。実を使ったリースの場合は、実の豊富さが表現されていることが大切。

4 上から見てリースの輪郭が整ったら中心部分の完成。2 重にしたリースワイヤーを、芯の 3 カ所のバランスのよい場所に留め付ける。高いところから吊るし、下部に蔓を足していく。上部にもボリュームがあり、下部には実が豊富にぶら下がっている様子をイメージできるように調整する。

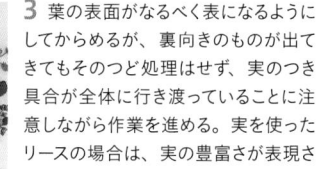

5 吊り下げるためのワイヤーに沿ってリボンを長めに取り付ける。リースを吊っているワイヤーの部分、リース本体、リースから下がるリボンで一つの空間を作るようにする。実を隠している葉や重く見える葉を落とし、蔓、葉、実が同時に目に入るようなイメージを作って完成。

青い夏の光を戯れる動きで表すリース

技法／からめる　時期／8月

夏の日差しの中で輝く緑色の材料で構成したリースです。
長いブドウの蔓を丸く重ねてからめ、質感と形が躍動感・光・影・遊び心を感じさせる
ヒイラギの葉と、クレマチスの実を挟み込みました。
内側から外へ、外から内側へと縛りのない自由な動きをイメージして制作。
ブドウの蔓のくねくねとした巻きひげや、ふわふわとしたクレマチスの実が、夏の楽しさを演出します。

Point
・リースの輪郭は、作りたいイメージに
　合わせて決める。このリースは、自
　由な楽しさを表現するためランダム
　な高低差によってあえて崩している。
・ヒイラギのようにかたく重さのある材
　料は、しっかりとワイヤーで留める。

花材 Flower&Green
・ヒイラギ（20cm 8本）
・ブドウの蔓
　（1〜1.5m 8本）
・クレマチスの実（30cm 5本）

資材 Material
・＃10番線（直径35cmのリ
　ング状・フローラルテープ
　で巻いたもの）
・紙巻きワイヤー

回るクレマチスとブドウ蔓のリース

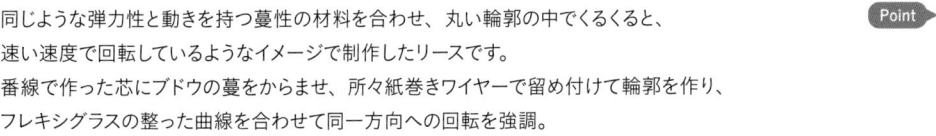

技法／からめる　時期／10月〜11月

同じような弾力性と動きを持つ蔓性の材料を合わせ、丸い輪郭の中でくるくると、
速い速度で回転しているようなイメージで制作したリースです。
番線で作った芯にブドウの蔓をからませ、所々紙巻きワイヤーで留め付けて輪郭を作り、
フレキシグラスの整った曲線を合わせて同一方向への回転を強調。
同じ調子でクレマチスを入れ、雰囲気を出しています。

Point
- ブドウの蔓をからめる際は、中心部分の密度を高くする。その際、蔓に付いている乾いた葉を有効活用するとよい。密度は、外側にいくにつれて低くなるように構成する。
- 回転するイメージがひと目でわかるよう、輪郭は美しい丸い輪にする。

花材 Flower&Green
- クレマチス（40cm 10 本）
- ブドウ（蔓）（1 〜 1.5m 10 本）
- フレキシグラス（1.5m 3 本）

資材 Material
- ＃10 番線（直径 35cmのリング状・フローラルテープで巻いたもの）
- 紙巻きワイヤー

ヤマイモの蔓のリース

技法／からめる　時期／6月〜9月

ガーデンで見つけたヤマイモの蔓。
元気よくクルクルとどこまでも、木やフェンスを伝って伸びていきます。
太い部分はかたい表皮を持ちながら、その一方でしなやかな弾力性とツヤがあり、
見る角度によって色は微妙に変化しています。
太陽の下で自由にくねる、そんな蔓の様子をリースの輪に閉じ込めました。
浮き輪のような輪郭を作り、吊り下げて飾れるように両面で構成しています。

Point
・新芽がついた蔓のやわらかい部分は避け、成
　熟した蔓を選ぶ。蔓の線だけでは単調になる
　ので、葉も少し残す。
・ヤマイモの蔓は、蔓同士がきつく隙間なくねじ
　り合って成長する。リースにする場合も、ギュッ
　と詰めるようにからめて、その特徴を表現する。

花材 Flower&Green

■ ヤマイモの蔓　長くしなやかで、さまざまな色の変化もある。比較的小さい芯にからめていくのに適した材料。蔓の切り口は垂直にカットしておくと、仕上がりが美しい。（40cm～1.2m 25本）

資材 Material

・#10番線（直径20cmのリング状・フローラルテープで巻いたもの）
・スプールワイヤー（ブラウン）

作り方 How to make

1 番線で作った芯に沿って、太めの蔓からからめ始める。蔓が折れないように注意し、できる限り芯の内側から外側へ、外側から内側へとからめながら巻きつける。すぐに外れてしまう場合は、適所を2重にしたスプールワイヤーで巻き留める。ペンチでしっかりとねじり、蔓から3～5mmの長さでカットする。

2 リースは中心部分に密度が必要なため、ある程度の太さになるまではきつめにからめる。根元の切り口はからめた蔓の間に挿し込み、枝分かれした蔓は1本は残しておき、次の蔓と一緒にからめる。

3 蔓が外れてしまわないように、しっかりと先にからめた蔓の間に挟み込んで固定することが大切。このリースでは、蔓の複雑にからみ合うランダムな流れを表現している。蔓の構成は、どのようなリズムを持たせたいかによって変化させる。

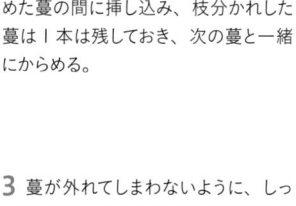

4 どうしても挿し込めない、挿し込んでも不安定になるような場合は、スプールワイヤーで巻き留めて固定する。

5 材料を2/3までからめた状態。ここからはワイヤーは使用せず、蔓の間に挿し込みながら輪を膨らませる。両面のリースなので、ある程度前面を作ったら、背面を見ながら逆回転でからめていく。太さは、身近で軽い印象にしたいため、細めに仕上げる。

6 仕上げに、きれいで大きめの葉がついた蔓をからめて完成。リースを横から見た様子。壁に掛けるリースとは違い底辺はなく、浮き輪のような輪郭になる。スプールワイヤーや細いリボンなどを取り付けて吊り下げる。リースがクルクル回って、どの角度から見ても美しい蔓の表情が出るように仕上げることが大切。

初夏の主役バラのリース　時期／4月〜6月

このリースを例に「挿す」の技法を解説します。

技法 **6**
Technique

「挿す」 切り花を使った保水のできるリース

リース型のフローラルフォームに、切り花やグリーンを挿して作るリースです。保水ができるため、どんなタイプの材料でも楽しむことが可能。
ここでは、初夏に咲く上品で愛らしいガーデンローズを主役に、テーブルリースを作ります。
通常のアレンジメントではなくリースとして制作するなら、象徴性に留意して材料を選択し、プロポーションや展開を意識しましょう。
ここではフォームの左から挿し始め、下方向へ進みながら1周する方法を紹介します。

花材 Flower&Green

1 西洋ヒイラギ　リースによく合う実もの。クリスマスホーリーとも呼ばれる。ツヤのある質感と葉の形の、両方の面白さを見せることができる。準主役の材料。(30cm 5本)

2 バラ'アンジェラ'　このリースの主役。リースに合った大きさの花を選択する。ただし、ほかの材料との大きさの差があまり激しくないものを。満開、中咲、蕾など変化があるほうがリズムをつけやすい。(10本)

3 アイビーの葉　リースの底辺を作る面の材料。地面との一体感を作り、リースを持ちやすくし、落ち着きをもたらす役割。(12枚)

4 キャンディミント　なめらかなバラの質感と、ツヤのあるヒイラギの間をとり持つ材料。細かく枝分けして使用できるため、リースにボリュームを出すことが可能に。輪郭を作る役割も。(20cm 5本)

5 トキワマンサク　バラの色とそのほかのグリーンの色合いを中和する役割。なめらかで上品な質感が、バラの印象を引き立てる。枝分けして使用する。空間を埋める材料。(30cm 3本)

資材と道具 Material&Tool

1 リース型フローラルフォーム（直径 20cm）　樹脂を原料とした、花を保水するための吸水性スポンジ。下に受け皿が付いているのが特徴。種類については P.93 参照。ここでは受け皿が深いものを使用。使用する前に水を張ったバケツなどに入れ、しっかりと吸水させる。

2 花ハサミ　材料を最初に切り分ける際に使用。

3 フローラルナイフ　材料をフォームに挿す前に、茎を斜めにカットするときに使用。フローラルフォームを面取りする際にも必要。

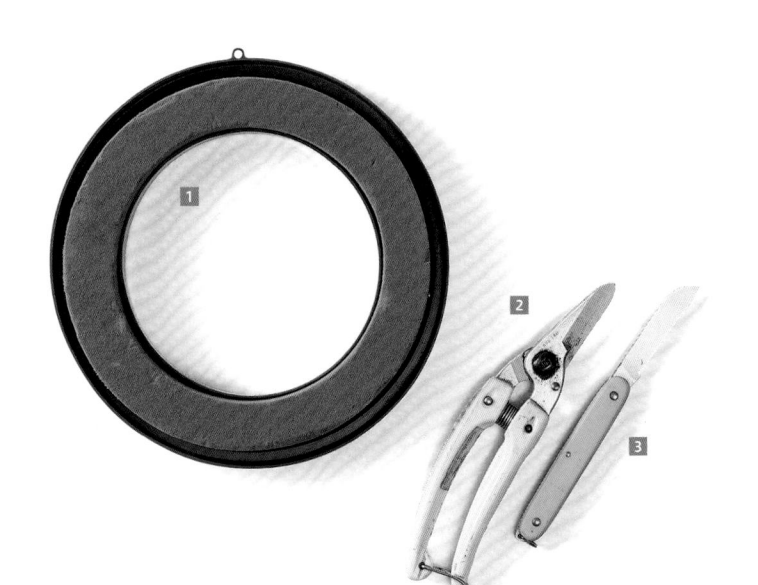

技 法 Technique **6** 「挿す」

1 材料は、必要に応じた数にあらかじめ花ハサミでカットする。長さは12cm程度。リースの象徴性を表すには構成のリズムが重要。テンポよく作業するためには材料の下準備は必要不可欠。挿す際にもう一度茎をナイフで斜めにカットする。

2 吸水させたフローラルフォームを面取りする。角の部分にナイフをあて、5mm程度の深さに削ぐようにしてカットする。

3 外輪、内輪、両方の角を落として面取りした状態。角がなくなることで材料が挿しやすくなる。また上から給水する際にも水の流れがよくなり、材料に水が行き渡りやすくなるため、花持ちもよくなる。

4 すべての材料は、挿す前に必ずナイフで茎を斜めにカット。断面の面積（吸水面積）を大きくし、水をよく吸うようにするため。ナイフのほうが組織をつぶさず、鋭くカットできる。底辺となる面の葉、アイビーから挿す。

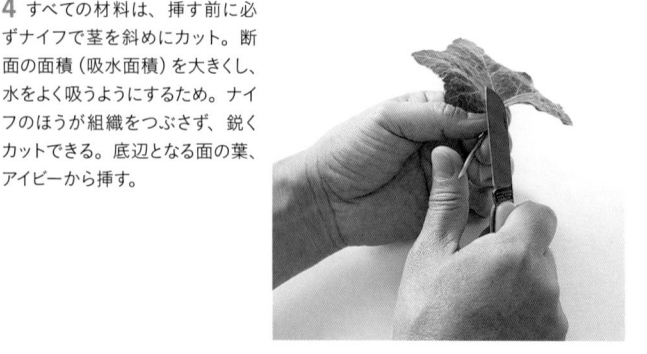

5 フォームにしっかりと挿して固定する。底辺に挿す材料、特に面の葉は、フォームの受け皿の縁ぎりぎりにあて、少し挿し上げるようにするとよい。こうすると、材料がぴったりと台に着く展開を作ることができる。

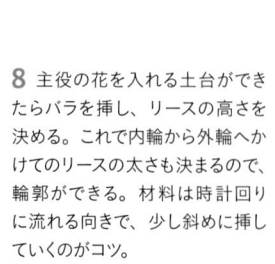

6 アイビーを外輪と内輪に配置し、リースの太さを決める。数は内・外輪それぞれ奇数で。外輪は5枚以上の葉でカバーする（4枚では四角形のイメージが出てしまうため）。外輪は大きい葉、内輪には小さい葉を使用。

7 フォームの左から材料を挿し始める。主役のバラ以外の材料を交互に、内輪と外輪を埋めるように挿し、リースの高さを決める。同じ質感や色が連続しないよう、また平面的にならないように注意。

8 主役の花を入れる土台ができたらバラを挿し、リースの高さを決める。これで内輪から外輪へかけてのリースの太さも決まるので、輪郭ができる。材料は時計回りに流れる向きで、少し斜めに挿していくのがコツ。

9 最初のパートができたら、同じ要領で下方向に進みながら、材料を前に重ねるようにして挿していく。低く構成したい部分は低くし、その上に軽い材料をのせて高さを出す要領で作っていく。フォームを少しずつ回しながら行う。

10 同じリズムで材料を配置していく。挿しながら下に下がっていき、リースの輪の曲線を作る。同じ質感や色の材料が連続しないように注意し、ボリューム感と立体感を意識。内輪には短め、外輪には長めの材料を入れる。

11 横や上から見てリースの輪郭を確認し、材料が単調に配置されていないか、色のかたよりがないか、台との一体感は出ているかを確認。挿し始めの部分へ向かって挿し進める。

12 1周して輪がつながったら、残っている材料で調整する。特にリースを真上から見たときに、メインの花を必ず中心部分に何輪か配置させることを忘れずに。中心部分に力がないと、リースを見たときの満足度が低くなる。

13 フォームが見えている部分があれば材料を足す。底辺部分に入れた材料が台にぴったり着き、浮いておらず、一体感があるかをチェックして完成。

Point

・材料を重ねるように挿し、下方向へ進みながら1周する方法で制作。ここまでで9割完成させ、微調整して仕上げる。

・同じ質感や色の材料が続かないよう、平面的にならないよう注意。

・メインの花（ここではバラ）が中心部分に必ず何輪かくるように構成。中心に目立つ花がないと、インパクトが薄くなる。

・低く構成したい部分は低く材料を入れ、上に軽い材料をのせるように高く入れる。たくさんの材料を重なりあうように配置することで、リースの魅力であるボリュームを見せることができる。

基本資材の扱い4　リング型フローラルフォーム

フォームに付いている受け皿には、深いものと浅いものがあります。前者は水が多く溜まるためフォームの乾きが遅く、水持ち、花持ちがよいという利点が。反面、底辺部分の材料は挿しづらくなります。後者は保水の面では劣りますが、底辺部分の材料は挿しやすくなります。テーマに応じて使い分けましょう。

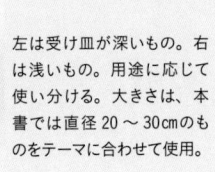

左は受け皿が深いもの。右は浅いもの。用途に応じて使い分ける。大きさは、本書では直径20〜30cmのものをテーマに合わせて使用。

イースターのリース

技法／挿す　時期／2月～3月

イースターはキリスト教の行事（春分後の最初の満月から数えた最初の日曜日）です。
キリストの「復活」、冬から春への季節の移り変わり、
新しい生命の誕生を祝うための、希望に満ちた祝祭のリースです。
ここでは春の花、ラナンキュラスをメインに生花でテーブルアレンジを作りました。
ツゲなどのドライ素材を使ったドアリースも、
イースターの花飾りとして似合います。

Point
・厳しい冬に耐え、春の温かさを待ち望むイメージで、明るく楽しそうな雰囲気に作る。
・花材は、イースターを連想させ、春の花の色の代表である黄色やパステルカラーのもので。卵型のチューリップも、イースターエッグのイメージで選択。

花材 Flower&Green

1 アイビー 面の材料として使用。（20cm 5 本）

2 コノテヒバ 黄色の花に合い、黄緑の葉色が新緑の
イメージを強調。（20cm 5 本）

3 ラグラス 温かみのある質感がウサギや鳥の毛を連
想させ、春のイースターのイメージに合う。（10 本）

4 ワスレナグサ 淡い青がチューリップのパステルカ
ラーと同調。（10 本）

5 ニチニチソウの葉 滑らかな質感と蔓性の茎がリース
の形に好適。（25cm 5 本）

6 ビバーナム・ティナス ネコヤナギの色とつながりを
持たせる役割。（25cm 5 本）

7 ラナンキュラス 春の色の代表、黄色を選択。（8 本）

8 チューリップ 淡いピンクで卵型のものを選択。弾力
性のある茎を選ぶとリースの曲線に馴染む。（10 本）

9 イトススキ（ドライ） 冬のイメージを添え、季節の移
り変わりを表現。（30cm 30 本）

10 ネコヤナギ 豊穣のシンボルとしてイースターによく
使われる。（35cm 5 本）

11 ミモザ 鮮やかな黄色と温かみのある花のボリューム
がリースに豊かさをもたらす。（3 本）

12 ツゲ 常緑は生命の象徴。春の花装飾によく使われ
る。（30cm 5 本）

13 フェイジョア 表も裏も使え、形の丸さもテーマに沿う。
（25cm 5 本）

資材 Material

・リース型フローラルフォーム（直径 24cm）
・♯ 22 地巻きワイヤー　・ホロホロ鳥の羽根
・ウズラの卵　・スプールワイヤー

作り方 How to make

1 イトススキは、丸めて使うものとその
まま線として使うものに分ける。丸める
ものは、地巻きワイヤーでワイヤリング
する。動物や鳥たちが温かなワラの上
にいる様子を表現するための材料。

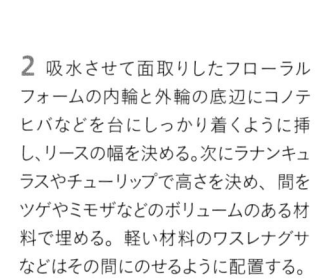

2 吸水させて面取りしたフローラル
フォームの内輪と外輪の底辺にコノテ
ヒバなどを台にしっかり着くように挿
し、リースの幅を決める。次にラナンキュ
ラスやチューリップで高さを決め、間を
ツゲやミモザなどのボリュームのある材
料で埋める。軽い材料のワスレナグサ
などはその間にのせるように配置する。

3 深いグリーンから次第に淡いグリー
ンになり、その間から美しい花々が力
強くあふれ出してくるようなイメージで
構成する。ところどころに丸めたワラ
を配置すると、花が流れていく単調さ
がカバーでき、緊張感のある花飾りに
なる。

4 花材がすべて入った状態。にぎや
かで豊かなイメージを出すため、多く
の材料を高低差をつけて配置するが、
内輪が小さくなり過ぎないように注意。
形が丸く大きめの材料が多いため、イ
トススキやワスレナグサの線的な流れ
で連続性を出し、リースの象徴性であ
る永遠を表現する。

5 スプールワイヤーでつなげたホロホ
ロ鳥の羽根やウズラの卵などを飾って
仕上げる。これらの資材を組み合わせ
ることで、イースターらしさをさらに演
出することが可能に。

6 リースの完成。輪郭はしっかりと丸
く、明るく豊かでリズム感があり、春
の温かさや楽しさが感じられることが、
イースターの時期の花飾りにふさわし
い。

初夏の緑のリース

技法／挿す　時期／5月〜7月

春が終わり、さまざまな植物が次々と姿を現す、初夏の新芽の勢いを表現したリースです。
線はまだ細いけれど、力強く伸びていこうとする植物の様子を、
リースの輪郭としては太めに、オーバープロポーションで強調しました。
色合いは、まだ若くやわらかいこの時期の緑を多く使い、
白とタイツリソウのピンクで日差しの心地よさが
感じられるように構成しています。

Point
・高低差のある構成。低いものはかなり低めに、
　その次に高い材料が上にかかり、さらに長い材
　料はまたその上にと、いうイメージで挿していく。
・通常のリースのプロポーションからははずれてい
　るが、内輪を短くすることでリングの形を見せる
　ようにする。

花材 Flower&Green

1 ケール　グリーンを見せる組み合わせによく使う。リースにはあまり大きい葉を選ばないほうがよい。（5本）

2 トキワイチゴ　流れるような茎と葉の形や色、質感が個性的。小分けにしても。（30cm 7本）

3 ハーブゼラニウム　香りのよいイメージが初夏のリースの雰囲気を表す。（30cm 5本）

4 ラベンダー 'ポンデビュー'　初夏の季節感を表現。（20cm 6本）

5 タイツリソウ　初夏のガーデンでひと際目を引く個性的な花。高く見せるため、リースの輪郭を壊さないギリギリの高さに斜めに傾けて挿す。（8本）

6 ホルデューム・ジュバタム　軽い印象と穂の流れが、気品あるナチュラルさを感じさせる。（6本）

7 ニゲラ 'アフリカンブライド'　夏を感じさせる材料。蕾や実の部分も一緒に入れると、この植物を使う効果が大きくなる。（6本）

8 ローズゼラニウム　形が違うゼラニウムで変化を。花もついているので色の効果も。（5本）

9 コプロスマ　斑入りの面の葉。なめらかな質感が多い中で、ツヤが奥行きと緊張感を生む。（20cm 3本）

10 レースフラワー　繊細でやわらかい印象。大きな半円の面が、リースの輪郭やボリュームを作る。（30cm 5本）

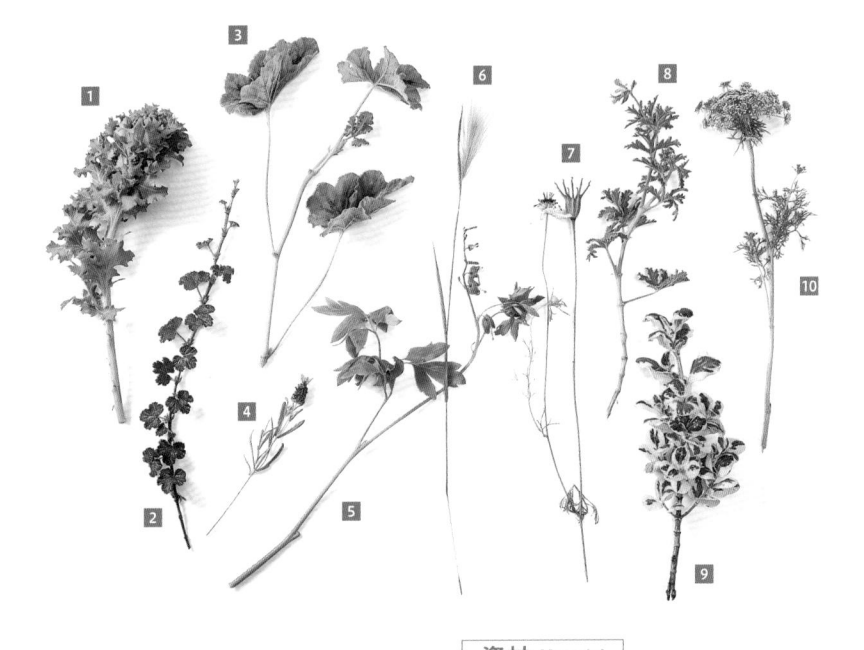

資材 Material

・リース型フローラルフォーム（直径24cm）

作り方 How to make

1 吸水させて面取りしたフローラルフォームに材料を配置する。挿し始めはケールやハーブゼラニウム、コプロスマで構成。ここでリングの幅を決める。外にはいくらでものばせるが、内輪側はリングの形を出すために極力短めに。内輪、外輪側とも裾が台に着くことを意識する。

2 低いものは低く、次に背の高い材料、その上に長い材料というイメージで高低差をつけて材料を挿し、高さの目安を決める。このリースの場合はかなり大きな輪郭を作るため、少し高めに設定している。タイツリソウがぶら下がる場所を作って、入れる。

3 輪郭が丸くなっていることを確認しながら、挿し進める。高低差は隣同士でかなり大きく、空いている空間で小花がリズムよく遊んでいるようなイメージでつける。あまり低い位置には小花を入れない。

4 自然なグルーピングになるように材料を配置する。均等に配置すると単調になるので注意する。曲線を持つジュバタムとタイツリソウは、丸い輪郭を構成しやすい材料。

5 1周したら、台との一体感を確認。横から見て、花や植物の表情が満足のいくように作られているか、ぶつかっている花がないか、窮屈に見える部分はないかをよく確かめる。

6 完成。真上から見て丸い輪郭が作られていることがリースとしては重要。細くなっているところがあったら、材料を足して調整する。

実もののリース 技法／挿す 時期／6月〜7月

植物材料の中でも特に好まれる実ものは、リースにも適した材料です。
多様な色や形があり、ドライ素材として長く楽しめるものも多くあります。
このリースでは初夏に出回るフレッシュな実ものを集め、みずみずしい葉と一緒にアレンジ。
実ものは生命の象徴で、実りと豊富さをイメージさせる表現が似合います。
リースのプロポーションも少し太めに、実ものの量感が出るように作りました。

Point ・グリーンで下地を作り、上に実ものをのせる、
という要領で材料を配置する。
・それぞれの材料の表情がよく見えるように、
高低差をつけて配置。材料の配分が単調に
ならないよう、大まかなグルーピングで、同
じ質感や材料が続かないように注意する。

花材 Flower&Green

1 ブルーベリー　青い実と鮮やかな黄緑の葉が美しい。枝分けすれば、ほぼすべての部分が使用可能。（30cm 5本）

2 ゲッケイジュ　料理にも使える材料として、実ものと相性のよいイメージを持つ葉。（20cm 8本）

3 ジューンベリー　鮮やかな赤い実。葉も一緒に使い個性を生かす。（20cm 5本）

4 ローズマリー　空間を埋める役割。（30cm 5本）

5 ブラックベリー　初夏に出回る、豊かなイメージを持つ実。（20cm 7本）

6 ヨウシュヤマゴボウ　細長い房部分をリースの輪郭に合わせて流す。（20cm 5本）

7 西洋ヒイラギ　枝にびっしりと緑の実をつける。この季節ならではの姿を生かして使用。（30cm 3本）

8 ホップ　ほかの実ものと質感で変化を。（20cm 5本）

9 グミ　表裏で色が違い、弾力性があり、葉の持ちもよいリース向きの材料。（30cm 5本）

10 ユーカリ・ポポラス　リースに落ち着きと洗練されたイメージを与える。（30cm 5本）

11 イチョウの葉　面白みのある面の葉として、少しだけ見えるように配置。（8枚）

12 ニゲラ　夏の象徴。空間を埋める材料としても。（5本）

13 アイビー　蔓としても、見せる葉、埋める葉としても使える便利な材料。（50cm 3本）

資材 Material

・リース型フローラルフォーム（直径 24cm）

作り方 How to make

1 材料は 10 〜 15cmにカット。吸水させて面取りしたフローラルフォームの、受け皿の縁にあたるように底辺に面の葉（ここではゲッケイジュ）を挿し、内輪と外輪の幅を決める。

2 ローズマリーやアイビーなどで高さと輪郭を作っていく。細かい材料が並び、ボリューム感が乏しければ、面の葉を入れて密度を上げ、膨らみを持たせる。グリーンの下地ができたら実ものを入れる。

3 下地のグリーンが、上にのる実ものを強調するように挿し進める。輪郭はコンパクトにし、高低差ははっきりつける。そうすることで、小さい実ものの表情も見せることができる。たくさんの材料を入れるためには、上下左右のあらゆる空間を使っていくことが必要。

4 輪郭が丸くなっていることを確認しながら、さらに挿し進める。高低差は隣同士でかなり大きく、空間で実ものがリズムよく遊んでいるようなイメージでつける。あまり低い位置には多くの材料を入れず、奥行きを持たせる。

5 リースの完成。見せたい部分の実はしっかり見せつつ、低い部分の実も魅力的に映るように構成されていればよい。まだ新緑の勢いのある時期のリースなので、実の間の葉も生き生きと見せることが大切。ボリュームがありにぎやかなイメージに仕上げる。

ガーデンバラエティ

技法／挿す　時期／7月〜8月

夏のガーデンに咲き誇る、さまざまな色と形をした植物たちが織りなす、
楽しそうな雰囲気をリースにしました。
中〜小程度の主張（P.15 参照）を持つ植物を選び、合わせています。
小花をリズムよく並べ、始まりも終わりもない連続性を作り出すのは、
リースの象徴性を見せるためには理想的です。
赤、青、黄色といったカラフルな夏の色を使用し、
インパクトのある表情を作りました。
夏のテーブルにぴったりの花飾りです。

Point
・材料が細かいので、畳みかけるようにしなが
　ら小刻みに配置していく。動きのあるもの、
　止まっているものを繰り返すような気持ちで、
　リズム感とボリュームを出すことを意識する。
・中心部分に、濃く目立つ色合いの花をとこ
　ろどころに入れておくと締まる。

花材 Flower&Green

1 ツインキャンドル やわらかな質感が優しい印象をもたらす。（5 本）

2 アルケミラ・モリス 明るい黄色、黄緑が鮮やかな夏の花。（30cm 30 本）

3 オタフクナンテン 底辺と輪郭に使用。（30cm 5 本）

4 ホップの葉 温かな質感が親近感を生む。（10 本）

5 オレガノ 動きのある長い茎と、微妙な緑色の変化が面白い。（30cm 5 本）

6 アストランチア 上品な色みが人気の材料。花の形もテーマに合う。（20cm 5 本）

7 キョウガノコ 濃いピンクの色合いを低めに配置して奥行きを出す。（30 本）

8 シレネ 低く埋めたり飛び出させたりと変化をつけて構成。（30cm 5 本）

9 セダム 低く埋めたり、上に伸ばして軽く見せても。（20cm 10 本）

10 ミント 分けて短くも使える。ボリュームを作る夏の材料。（20cm 7 本）

11 ステルンクーゲル 楽しげな形の実。空間に配置し、見る人の興味を引く。（10 本）

12 ヒペリカム ツヤのある丸い形が魅力。（5 本）

13 ニゲラの実 11 と同じ役割。（20cm 10 本）

14 ギボウシ 落ち着きを持つ材料。小花を楽しむための背景として。（10 枚）

15 バラ 大きく主張しすぎない一重のバラ。グルーピングで配置。（5 本）

16 スカビオサ 可愛らしい花は低く沈めず揺れる印象を残す長さで使用。（5 本）

17 コレオプシス はっきりとした黄色を入れ、夏の印象を深める。（10 本）

18 ノコギリソウ 夏のガーデンらしさを出す材料。高めに入れても。（10 本）

19 ローズゼラニウム 空間を埋めるグリーン。ハーブを使いテーマ性を強調。（10 本）

20 ナスタチウム 長めに使い流れを作る。（20cm 10 本）

21 カスミソウ リースの流れをゆるやかにする役割。（30 cm 5 本）

22 ゼラニウム 代表的な夏の花。明るいピンクはこのリースに欠かせない。（5 本）

23 ヒューケラ 面白い色合いを生かし、見せる材料として上にも配置。（10 枚）

24 ジニア（6 種） 夏の代表的な小花。丸い形がリースの輪郭に合う。（各 5 本）

25 チョコレートコスモス 均等にならないように配置。中心部分に入れても。（10 本）

26 センニチコウ 濃いピンクの小さな点がポイントで効いている材料。（10 本）

27 アナベル（ピンク） 色で空間を埋める材料。（5 本）

28 クレマチス（2 種） 貴重な青い花。小ぶりの品種を選び、調和をとる。長めに使い流れに沿って構成。（各 5 本）

資材 Material

・リース型フローラルフォーム（直径 45cm）

1 材料は15cm程度の長さにカット。吸水させて面取りしたフローラルフォームの左の中央あたりから挿し始める。底辺に面の葉を挿し、見せる材料、流れのある材料を挿して高さを決める。

Check ここですでに高低差のある構成にしておく。フォームの表面は乾きやすいので、材料はフォームの中心下部分を目指して深く挿し、水落ちを防ぐ。

2 リースの輪郭がどのような姿になるのかをしっかりイメージしながら、内輪、外輪ともに曲線を描くように意識して挿し進む。フォームに挿すことばかりに集中して全体を見ることを忘れると、輪郭がカーブせず、直線になってしまうので注意する。

Check リースの流れに合わせて、すべての材料が時計回りに倒れていくようなイメージで配置する。細かくリズムを刻みながら、同じ色や形がつながらないようにする。

3 材料を低く、次には高く、そして中くらいの高さに、また高く、次はかなり低く、など、不連続な高低差を繰り返しながら美しい輪郭を作る。セダムやアルケミラ・モリスなど塊で見せる材料は下に入れ、上には軽い材料を入れる。内輪、外輪の裾がともに台に着くように構成する。

Check ガーデンで、同じ場所に生えていても違和感がなさそうなものが隣り合うようにする。目で追いやすいバラは、1カ所にかたまらないように配置する。

4 1周したら、すべての材料が窮屈に見えていないか、中心部分のフォーカルポイントはできているか、フォームが見えているところはないかを確認し、完成。

Check 特にリースの中心部分の密度が高くなっていることが重要。中心部分の線上にポイントとなる花が入っているかもよく見て、微調整する。

深まる秋の色彩　技法／挿す　時期／11月

秋の豊富な色彩と実りを十分に感じたら、冬はもうそこまで近づいています。
そんな秋の終わりの風情をリースにしました。
紅葉した葉や黄色いキクなど秋色の材料に加えて、晩秋ならではの材料を合わせています。
落葉しかけた葉のはかない色の美しさ、夏から伸ばした蔓の乾いた線、色がグレーに近づく実もの……。
少しずつ次の季節へと移り変わる自然の様子を見せています。

Point
・高さとボリュームを出しながらも空間はあまり出さずに、材料の重なりで晩秋の色と材料の豊かさを表現。
・枝、葉、蔓、実の、この時期独特の表情をしっかり見せる。リースの花の主役であるキクは、グルーピングで少し高い位置で見せ、主張を持たせる。

花材 Flower&Green

1 ユキヤナギ　複雑なニュアンスを持つ紅葉が、秋の名残りを表現。リースの流れに合わせて自由に配置。（40cm 5 本）

2 ノイバラ　晩秋のかたい雰囲気を表す枝と実。低く構成する部分と高く見せる部分で変化を。（60cm 3 本）

3 オオデマリ　リースにボリュームを持たせる面の葉。底辺や空間を埋める。（30cm 5 本）

4 レンギョウ　底辺や空間を埋める葉。濃い緑が深まる秋の雰囲気を高める。（30cm 5 本）

5 イチョウ　小菊の黄色と同調し、秋の落ち葉の雰囲気を出す。枝のまま分けて使用。（30cm 5 本）

6 ヘクソカズラ　熟した実と枯れた蔓をリースの流れに沿って構成。（60cm 5 本）

7 ユーカリの実　美しい茶色の実の塊が、リースに高級感を与える。（20cm 5 本）

8 アジサイ　乾燥して形をとどめるアジサイ。リースに明るさを与える。（3 本）

9 エノコログサ　秋の風を感じさせる材料。軽く上にかるように構成。（8 本）

10 サクラの葉　乾燥し丸く変化する様子を楽しむ。茎の部分で挿す。（10 枚）

11 ヒノキ　晩秋が旬の、実がびっしりとついた姿を見せる。（30cm 5 本）

12 キク　冬の始まりまで花を咲かせる小菊の最後の美しさを見せる。（8 本）

資材 Material

・リース型フローラルフォーム（直径 30cm）

作り方 How to make

1 材料は 10 〜 20cm程度の長さにカットする。吸水させて面取りしたフローラルフォームに材料を配置する。個性的で見せどころの多い秋の材料は、底辺に入れるもの、フォームを隠すもの、高さを出すもの、振り出すもの、中間の高さで少し顔をのぞかせるものなど、さまざまな場所で繰り返しながら構成していく。

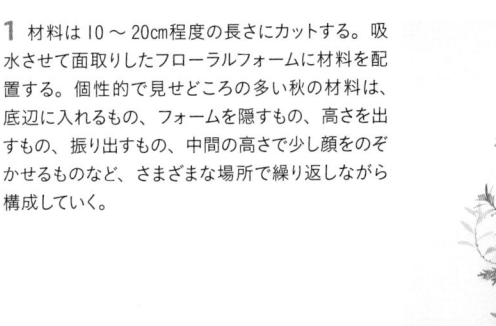

2 材料が隠れてしまわないように注意し、高さを変えながら折り重なるイメージで挿し進め、リースを完成させる。主役として見せる花は高い位置でしっかり主張させ、見せたい実ものはところどころで上に顔を出すようにし、重い印象の実ものや葉は下がるように挿す。落ち葉のように見える葉は上から降り注ぐように挿し、長い蔓はリースの象徴性を強調するように流す。晩秋のリースは、リース作りの集大成ともいえる。

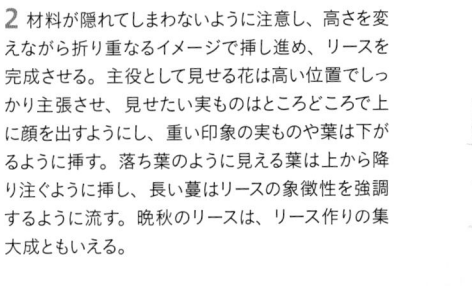

冬の色彩のリース

技法／挿す　時期／1月〜2月

Point ・面の葉の代わりに枝を最初に配置し、底辺を作ってから構成するリース。森の中で木の根元に植物が息づく雰囲気を表現する。
・多くの植物が複雑に交差されている様子を見せたいので、それぞれの材料の顔が見えるよう、高低差をつけて構成。

凍えるような厳しい寒さの中で季節を謳歌する、わずかな花や実が持つ輝きを表現したリースです。
冬の寒さを枯れ枝やコケ、針葉樹で表し、その中で息づく生命を、
ヤドリギや冬の典型的な花、クリスマスローズを使って見せました。
コケとマツ、ヤドリギは、ヨーロッパのクリスマスの花飾りに使う
典型的な材料でもあります。凛とした空気の森の中で、
植物たちが静かに生命を育んでいます。

花材 Flower&Green

1 ヤドリギ 枝分けして使用。低く底辺を作るものもあれば、高く振り出すように使うものもある。少しグルーピングをし、緩急をつけた配置にする。（25cm 5本）

2 イタリアンカラマツ 短く葉の揃った枝と、長く動きのある葉を持つ枝。リースの本体を作るのは長い枝、見せる材料として上にかかるように使用するのは短い枝。（20cm 8本）

3 サクラの枝 冬の象徴としての枯れ枝。地面に落ちて重なっているイメージ。（20cm 15本）

4 クリスマスローズ 退屈な配置にならないように、不揃いな花の向き、隣同士の間隔、高さの違いなどに注意する。（5本）

5 マツカサ 少し低めに底辺の空間を埋める役割。内側、外側、上部と、どの位置もカバーする。（8個）

6 ネズ 冬らしいシルバーの色合いと香りがよく、葉のボリュームもあり、枝の色や質感、動きが面白い。（25cm 3本）

7 オークモス そのままと、枝付きを使用。底辺に入れて空間を埋めるが、見せる材料として上部に配置することも。（適量）

資材 Material

・リース型フローラルフォーム（直径 30cm）
・♯18 地巻きワイヤー（茶・Uピン状にしたもの）

作り方 How to make

1 材料は挿しやすい長さにカットする。吸水させたフローラルフォームを面取りし、サクラの枯れ枝、コケつきの枝をUピン状にした茶色の地巻きワイヤーで固定する。

2 枝の先が時計回りに流れるように配置。内輪と外輪の展開を作り、リースの幅の目安と輪郭を決めたら、イタリアンカラマツとネズをリースの内輪と外輪に流れを意識して入れる。上部の一部には軽くコケを置く。

3 ヤドリギの配置、クリスマスローズの配置を決めながら挿し進める。それぞれの材料が見えるように少し高低差を強めにし、花材の根元から花の先までが想像できるように構成する。

4 クリスマスローズは、あまり寝かせると顔が見えなくなるので、その向きを見ながら配置。ヤドリギは、プロペラのような葉の形を生かすように、高い位置にも入れる。

5 花と枝、グリーンが入って1周したら、ワイヤリングしたマツカサを、低い位置に入れる。グルーピングをし、均等な配置にならないように気をつける。リースの完成。

春のクリスマスローズ

技法／挿す　時期／1月〜2月

冬にふさわしい名前を持つクリスマスローズは、
日本の自然の中では春の訪れとともに咲き誇る初春の花。華麗でエレガントながら、
少し控えめにうつむく花をのぞき込むと、その下には春の草木の芽がやわらかく膨らんでいます。
そんな情景をリースにしました。グレーや薄い茶色など、冬の色みが入るなかで、
黄色や黄緑の花や葉の明るさが、春の訪れを予感させます。

Point
- クリスマスローズは横や下向きのものがほとんどなので、挿す角度に変化をつけて花の表情を見せる。花の向きに合わせて配置し、楽しそうな雰囲気に。
- テーマに合わせて、材料は明確なグルーピングは避けて構成。丸い輪郭が保たれているかを確認しながら制作する。

花材 Flower&Green

1 ヤツデの葉　実だけを使うと何の植物かがわかりにくいため、葉をごく少量、面のアクセントとして使用。（15cm 3枚）

2 カヤ　冬の名残りとしての枯れ草。はっきりとした曲線が、リースの象徴性を強調する。（20cm 5本）

3 ヤツデの実　明るく豊富なイメージの実が、元気な春を表現。（20cm 3本）

4 クリスマスローズ‘オリエンタル’　春の明るく元気な雰囲気に合わせた色合いを選択。（22本）

5 ウメ　可愛らしくほころんだ蕾と特徴ある枝の形が春のイメージを面白みのあるものに。（20cm 8本）

6 ミモザ　春の黄色い花の代表だが、ここではウメの枯れ色に寄り添う色を。クリスマスローズとの質感の違いも面白い。（50cm 3本）

7 ナバナ　黄色と質感でフレッシュなイメージを持つ春の花。（20cm 10本）

8 ダスティーミラー‘シラス’　冬の色シルバーとクリスマスローズの上品さを強調する質感が特徴。（20cm 5本）

9 ソリダゴ　春の黄色をさらに強調するアクセント。温かみのある質感もこのリースに好適。（20cm 3本）

10 ギシギシの葉　赤いグラデーションで色づく葉を使うことで、季節の移り変わりを表す。（8枚）

11 グニユーカリ　ボリュームのある葉でフォームを隠す役割。ダスティーミラーとの色の連帯性も。（20cm 15本）

12 ツルニチニチソウ　リースによく合う蔓性。なめらかな質感を持つ葉。（30cm 10本）

13 コオリヤナギ　白くぼやけた芽と枝の色合いが春の温かみを表現。（30cm 3本）

資材 Material

・リング型フローラルフォーム（直径 24cm）

作り方 How to make

1 材料は挿しやすい長さにカットする。吸水させたフローラルフォームを面取りし、内輪と外輪に、ダスティーミラーやユーカリを挿してリースの幅を決め、ほかの材料を挿す。クリスマスローズで高さを決める。

2 材料は低く構成するものは短めに挿し、長さを保たなければその特徴が消えてしまうものは、長いまま花の上や空いている空間に配置する。材料が隠れ過ぎてしまわないように、高低差を大きく変化させ、深みのある奥行きを作る。輪郭が曲線を描くことを常に意識。

3 クリスマスローズの花の向きは無理に揃えようとはせず、このリースのテーマに合わせてあちらこちらを向かせ、明るく楽しげな雰囲気に。リースの断面が半円を描くようにすることを意識し、花は中心だけでなく内輪、外輪ともに入れることを忘れずに。材料で輪をつなげて完成。

グレイッシュから色のある風景へ

技法／挿す　時期／1月〜3月

灰色の冬が次第に色づき、春へと向かう過渡期をリースで表現しました。
凍てついた、くすんだ緑の中から、明るいパステルカラーの花が顔を出します。
寒色系のグリーンを合わせて冬の雰囲気を残しつつ、
ラナンキュラスとヒヤシンスが春への期待や希望を象徴します。
明るい春のにぎやかさの手前の、冬の要素が残る自然の色を感じてください。

Point
・大ぶりな材料が多いため、配置する際にフォーム
が見えないように注意。下に挿した材料が、上に
重ねる材料の背景になるように構成するとよい。
・ラナンキュラスの向きは自由にリズムをつけるが、
最終的にはリース全体が右回りに流れて見えるよ
うにする。

花材 Flower&Green

1 ハツユキカズラ　ピンク、白、緑がこのリースにぴったりの色合い。蔓性の茎は輪郭作りにも最適。(20cm 10本)

2 サカキ　ツヤのある面の葉。(30cm 3本)

3 ペンステモンの葉　枯れた赤い葉。大きな面の色づきが美しい。(10cm 10枚)

4 リアトリスの葉　枯れた黒っぽいグレーが個性的。曲線がリースに合う。(25cm 20本)

5 アイビーの葉　底辺に入れる面の葉。(15枚)

6 ヒペリカム　黒く、シルバーに枯れた色合いが冬らしさを出す。(5本)

7 ラナンキュラス'シストロン'　メインの材料。ピンクは茶色と相性のよい組み合わせ。春の象徴として輪郭のはっきりとした、明度が高く鮮やかな色を選択。(10本)

8 ユーカリ・グロボラス　茶色く乾燥した大きな実が個性的。(30cm 3本)

9 トキワマンサク　冬に濃い茶色となる葉が、リースに奥行きを。(20cm 5本)

10 アイビーの蔓　流れに合わせて使用。(30cm 3本)

11 ヒヤシンス　香りもよく、白い色がリースに明るさを与える。適当な長さに切って竹串を入れて、フォームに挿しやすくする。(5本)

12 ビバーナム・ティナス　赤い蕾は底辺を埋める際に使いやすい。(20cm 5本)

13 西洋ヒイラギ　大きな面の強いグリーン。冬らしい材料。(20cm 3本)

14 サンゴミズキ　枝分かれした細い枝が美しい。色のアクセント。(20cm 3本)

15 イチゴの葉　大きな面の葉。まばらに枯れた様子が寒い冬の雰囲気を作る。(5枚)

16 ラベンダー　灰色でやわらかな印象の優しい材料。ほかの材料の質感とコントラストをつける。(20cm 3本)

資材 Material

・リング型フローラルフォーム（直径25cm）

作り方 How to make

1 材料は適した長さにカット。吸水させて面取りしたフローラルフォームに材料を配置する。フォームの内輪と外輪に面の葉を挿してリースの幅を、ラナンキュラスで高さを決める。挿し始めの部分には、リースの表現に必要な象徴的な材料はすべて入れる。

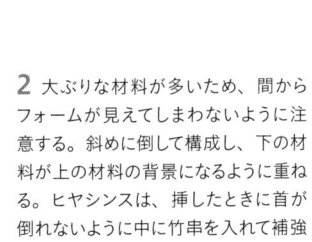

2 大ぶりな材料が多いため、間からフォームが見えてしまわないように注意する。斜めに倒して構成し、下の材料が上の材料の背景になるように重ねる。ヒヤシンスは、挿したときに首が倒れないように中に竹串を入れて補強している。

3 蔓性の材料も最後に入れるのではなく、他の材料と同時に入れていくと連続性が強調される。ラナンキュラスの花の向きは、同じ流れに沿っていると単調になってしまうので、あちらこちらに向けてリズムをつける。

4 リースの完成。ラナンキュラスは、リースの中心線上に上を向いて配置する以外に、内輪と外輪にも入れる。どこから見ても雰囲気が楽しめるように。花の向きはさまざまでも、リース全体が時計回りに流れていくように構成されていることがわかる。

111

パンジーのリース

技法／挿す　時期／2月〜3月

まだ寒い冬空の下、小さく咲き始めた春の花々が優しい色合いで微笑んでいるようなリースです。
はっきりとしたコンパクトな輪郭をとらず、
ゆるやかでぼやけた印象を温かみのある色合いでまとめました。
モミやアイビーなど冬色の材料の上に、春の花、パンジーをのせています。
ベルベットに似た質感のフリル状の花が、
やさしく咲き出す様子をイメージしました。

Point
・材料はそれぞれに適した長さにカットする。
　葉の整理は使う角度を見ながら行う。ス
　マイラックスなど長く使うものは長く、低く
　使うグリーンは 15cm程度の長さに揃える。
・植物としての自由な動きを表現するため、
　パンジーは茎を長めに残して使用。

花材 Flower&Green

1 スマイラックス　冬でも元気なグリーン。葉は底辺や空間を埋め、蔓は輪郭に合わせて流す。（50cm 3 本）

2 アイビーの蔓　リースの流れを出す材料。赤い葉が冬を表現。（20cm 5 本）

3 ブルーベリーの枝　色づいた濃い葉が、リースに奥行きを与える。（20cm 5 本）

4 カラマツ　冬を代表する材料。硬質なイメージが、ほかの材料とのコントラストを生む。（20cm 5 本）

5 ビバーナム・ティナス　底辺を埋める役割。（20cm 5 本）

6 ヤナギの枝　赤く色づいた芽が面白い。枝ぶりにリズムがある。（20cm 5 本）

7 アイビーの葉　おもに底辺に使用。（10 枚）

8 ユーカリ　間を埋める材料。（25cm 10 本）

9 オカメナンテン　紅葉が美しい。底辺を埋めたり、高く構成してパンジーとの質感の違いを見せても。（25cm 3 本）

10 イチゴの葉　乾燥し丸く変化する様子を楽しむ。茎の部分で挿す。（10 枚）

11 ラベンダー　やわらかな質感と香りがリースのイメージに合う。（25cm 5 本）

12 スイセン　花の小さいニホンズイセンを使用。香りもよく白と黄色で春らしさを強調する。（7 本）

13 パンジー　主役の花。ビロードに似た質感が、はかない健気さを表す。量を使いその効果を強調。（35 本）

資材 Material

・リース型フローラルフォーム（直径 30cm）

作り方 How to make

1 材料は適した長さにカットする。吸水させて面取りしたフローラルフォームの、内輪と外輪の底辺の部分に、紅葉したブルーベリーや枯れたラベンダーなどを挿してリースの幅を決める。上にパンジーをのせる。

2 材料は、横に寝かせるようにし、重ねるイメージで配置。冬の材料の上にパンジーなど春の材料をのせるような気持ちで構成する。リースの断面を半円として見たとき、その輪郭の中で高低差がはっきりわかるよう、花同士がぶつからない空間を作ることが大切。

3 花が小さいパンジーは、リースの形が作りやすい材料。ニュアンスのある色が全体に散らばるよう、バランスを見ながら入れる。自然のグルーピングでやわらかに、均等配置にならないように注意。間に面の葉を入れてところどころ区切り、流れを休めることも必要。

4 1 周したらリースの完成。材料は細かく高低差をつけながら配置し、全体に優しい印象になるように作っている。色や質感が強い冬の材料は、おもにリースの底辺に入れて控えめに見せる。

Column 6　動きについて

植物は、それぞれがさまざまな動きを持っています。上に伸びる、上に伸びてから展開する、上に伸びて止まる、戯れ自由に伸びる、下がる、カーブを描く、角のあるような線を描く、丸く固まるなど……。リースの輪郭作りに適しているのは、カーブを描くような曲線や、戯れ自由に伸びる動きでしょう。

現在はリース作りの方法も多様です。吸水性のフローラルフォームを使えば、基本的にはすべての切り花、草花も使用することができます。上に伸びる動きを持つ背の高い植物は、リースの輪郭に合わせづらいかもしれません。それでも材料が持つ動きの方向、花の向きなどに注視し、流れるような象徴性が表れるように、動きを組み立ててください。

このパンジーのリースでは、パンジーの植物としての自由な動きを見せるため、茎を長めに残して使用しています。ほかの材料と合わせ、高低差を小刻みにつけながら色や形のバランスを整え配置することで、動き始めた春の様子を表現しています。

明かりを落とした部屋でシックに

技法／挿す　時期／12月〜1月

フローラルフォームを使用し、シックな色のバラをメインにしたリースです。
常緑樹を合わせてクリスマスらしく、キャンドルの下で楽しむイメージで制作しました。
フォームを回しながら材料を下へ下へと配置していき、丸い輪郭を作りながら、
バラ1輪1輪が美しく見える高低差を意識して構成します。
実ものはバラの雰囲気に合わせて、個性的なものを選択しました。

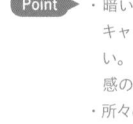 Point ▶ ・暗い色の材料をメインで使用しているため、キャンドルの下では色が明確に伝わりにくい。その分、材料の滑らかでツヤのある質感の美しさが引き立つように工夫する。
・所々に配置している明るい緑の材料で、リースの輪郭を見せる。

花材 Flower&Green

・バラ'ザプリンス'（20本）
・チョコレートコスモス（12本）
・アジサイ（2本）
・ヒペリカム（5本）
・ローズマリー（30cm 5本）
・イタリアンカラマツ（30cm 5本）
・西洋ヒイラギ（30cm 3本）
・ヒバ（20cm 5本）
・リューカデンドロ'ジェイドパール'（10本）
・ヨウシュヤマゴボウ（3本）
・ベニバスモモの枝（30cm 3本）
・アイビー（3本）

資材 Material

・リース型フローラルフォーム（直径30cm）

Chapter 7

リースの技法 7 「ミックス・そのほか」

「ミックス・そのほか」 異なる特性の材料を合わせて作るリース

この章では「巻く」「からめる」などこれまでに紹介した技法をミックスしたり、
花器やブロンズネットなどをベースとして使い、異なる特性の材料を合わせてオリジナルリースを作る技法を紹介します。
自由な発想でテクニックを応用し、変化させることで、リース作りがより楽しくなります。
ここでは「巻く」と「からめる」を組み合わる方法を解説します。

個性的な形の材料で作るドアリース 時期／8月〜11月

このリースを例に「ミックス・そのほか」の技法を解説します。

Point

・蔓は最初にすべて矯めて、1本1本の弾力性を確認する。

・根元に近い、太いほうを芯にあて、先端の細いほうが時計回りの方向を向くようにしてからめる。

・全体の 2/3 量の蔓で、リースの中心となる部分を作る。密度を高くして安定させ、残りの蔓でリースの輪郭を整える要領で。

・壁掛けを想定したリースなので、リースの底辺が平らで、内輪、外輪の裾が台に着くように構成することが大切。

花材 Flower&Green

1 ドライアンドラ　乾いてもフレッシュの段階から色や姿が変わらない、リースに適した植物。フサフサした花、ギザギザした葉の質感と形状も個性的。強く温かみのある、粗野な印象。(25cm 10 本)

2 ユーカリ・トランペット　ユーカリの実の中でも特に大きく、形状も個性的。乾くと緑から次第に茶色、黒に変化する。(25cm 10 本)

3 ワイヤープランツ　庭の花壇で長く伸びたものをまとめて刈り取り、乾かし、葉を落として使用。乾いても弾力性は変わらない。(50 〜 60cm 6 束)

4 コロキア・ワイヤースター　黒い茎を持ち、葉も大きめで弾力性がある。リースに緑の葉のアクセントが欲しいときに使用。(40cm 10 本)

5 コロキア 'コトネアスター '　細めで枝分かれが多く、葉は小さめ。リースに白色のアクセントをつけるために使用。(30cm 10 本)

6 ゲッケイジュ　硬質で香りもよく、ここではおもにリースの裏面に使用。表面のドライアンドラとユーカリ・トランペットを大きさと形でつなぐ役割。(15cm 20 本)

資材と道具 Material&Tool

1 ♯10 番線（直径 35cmのリング状・フローラルテープで巻いたもの）　リースの芯となるもの。ここに材料を、リースワイヤーで巻き留めていく。

2 リースワイヤー　番線の芯に材料をしっかり巻き留めるためのもの。

3 スプールワイヤー（ブラウン）　材料を軽く巻き留めるワイヤー。完成後も見せるワイヤー。

4 ペンチ　ワイヤーを束ね、ねじって固定するために使用。

5 ニッパー　ワイヤーをカットする際に使用。

6 花ハサミ　材料を切り分けるために使用。

技法 7 「ミックス・そのほか」
Technique

作り方 How to make

1 材料を花ハサミで切り分ける。通常のリースのようにすべての材料を同じ長さに切るのではなく、実のついている場所、花の長さ、葉のつき方など、それぞれの特徴に合わせた長さにカットする。

2 番線で作った芯に材料を巻き留めていく。ひと通りの材料を、先端が時計回りの方向を向く配置で並べ、リースワイヤーでしっかり巻き付ける。ゲッケイジュは芯の裏側に入れる。

3 次の材料をずらしながら巻き留めていく。この際、通常のリースのように材料を重ねてウロコ状にするというイメージではなく、大きく間隔を空けながら行う。間隔が空きすぎた場所にはワイヤープランツの束を入れて埋める。

4 壁掛けのリースなので、リースの断面を想像したときに、きれいな半円形になることを常に意識する。内輪と外輪の裾が台に着くように材料を配置し、展開させる。

5 ワイヤープランツの束、コロキアなどは長いまま、ほかの材料と一緒に巻く。材料が番線の芯を1周するまで外に大きく張り出したままでよい。すべての材料を芯に巻き留めて1周したら、リースワイヤーを15cm程度残してニッパーでカットし、裏に見えているワイヤーに挿し込んでペンチで固定する。

6 長く残した材料を、左右に振り分けながら、先に巻き留めた材料にからめ、大まかなリースの輪郭を作る。見せたい材料、奥行きを作る材料などを確認し、完成のイメージを考えながら行う。

7 スプールワイヤーを材料のかたい部分に留め付け、からめた材料や輪郭から大きく外れている材料をゆるく巻き留める。

8 最後は手で押さえ、内輪と外輪の曲線を整えてリースの輪郭が円形になるように調整する。番線の芯が入っているため、形を崩すことなく安定させることができる。完成。

松の葉のリース

技法／ミックス　時期／12月〜1月

クリスマスから正月にかけて欠かせない材料、マツ。
その2本に分かれた針のような特徴的な形を利用し、
葉を落としたワイヤープランツを巻いたベースに挿し込むことで見せるリースです。
マツの根元にビーズをあしらえば、クリスマス用の花飾りにもなります。

Point
・乾燥したワイヤープランツの葉をていねいに落としたものを使用。稲ワラのベースにスプールワイヤーで巻き留め、マツを挿すための土台にする。
・マツは2つに分かれた葉でワイヤープランツの茎を挟むように挿し込む。

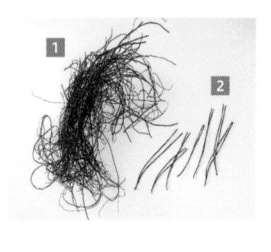

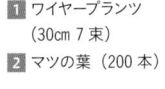

花材 Flower&Green

1 ワイヤープランツ
　（30cm 7束）
2 マツの葉（200本）

資材 Material

・稲ワラのリースベース
　（直径28cm／P.33参照）
・スプールワイヤー
　（ゴールド）
・ビーズ

ワイヤープランツは薄く巻くとマツが挿しづらくなるので、裏面も含めて厚めにするとよい（左）。マツは乾燥すると抜けやすくなるため、しっかりと挿す（右）。

スチールグラスのリース

技法／そのほか　時期／5月〜8月

新鮮な青い草が無数に並んでいるイメージをリースに。
そのためには、圧倒的なグラスの線の重なりで見せることが必要となります。
グラス類を重ねてリースにするには、さまざまなテクニックが考えられますが、
ここでは、使用するスチールグラスに合わせたものにしました。
皿の上に置き、水を張って花を生けたり、壁掛けとして見せることもできます。

Point ▶ ・リースの中心部分が空洞になるとボリュームが出
ず、自然風景の表現にならないため、密度を高
くすることが重要。半量の約100本のグラスで
中心部分、残りで輪郭を作るイメージで制作。

・グラスの先端や根元は、多少長くはみ出させて
おくとダイナミックな印象に。

花材 Flower&Green

1 スチールグラス　茎が比較的かたく、曲がるけれど戻る力も強く、無理に曲げると折れやすい。少し気難しいグラスだが、その瞬発力がリースに力強い線の魅力を与える。根元は直っすぐにカットしておく。(200 本)

2 フリチラリア　アクセントとしての花。置き場所やリースのイメージに合わせて、どんな材料でも選択できる。すがすがしく新鮮な季節の花として、グラスと同調するイメージで選ぶ。(1 本)

資材 Material

・♯ 10 番線（直径 30cmのリング状・フローラルテープで巻いたもの）
・ブロンズネット　・保水用キャップ

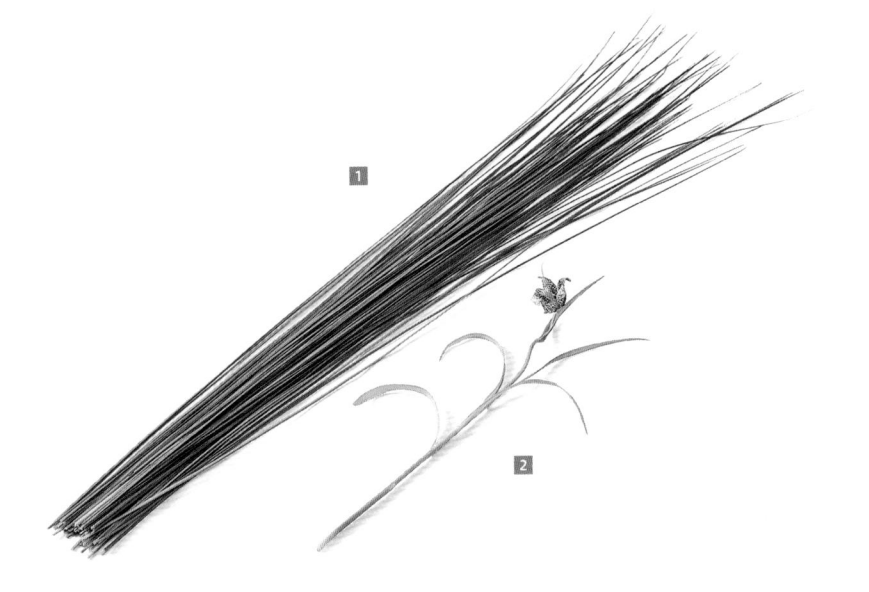
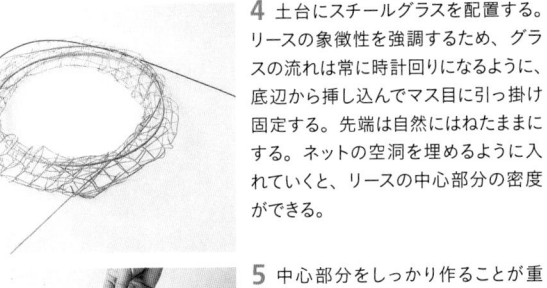

作り方 How to make

1 ブロンズネットは、ネットのマス目に合わせて 8×14 マス程度にカットしたものを 3 枚用意する。

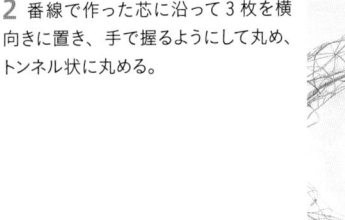

2 番線で作った芯に沿って 3 枚を横向きに置き、手で握るようにして丸め、トンネル状に丸める。

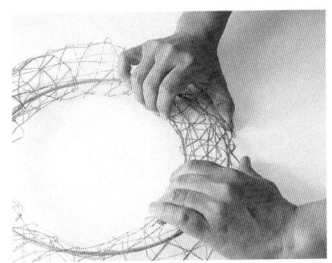

3 3 枚を丸め、芯の周りにドーナツ状になるように配置し、ブロンズネットの先端を隣のネットに引っ掛けて折り曲げ、固定する。両手で押さえ込み、形を整える。座りがよいように底辺部分は平らに。断面が半円状になることが想像できるように作り、土台の完成。

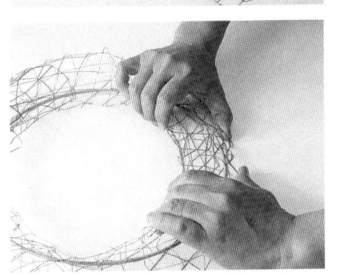

4 土台にスチールグラスを配置する。リースの象徴性を強調するため、グラスの流れは常に時計回りになるように、底辺から挿し込んでマス目に引っ掛け固定する。先端は自然にはねたままにする。ネットの空洞を埋めるように入れていくと、リースの中心部分の密度ができる。

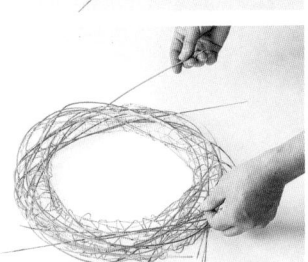

5 中心部分をしっかり作ることが重要。挿し込んだグラスの数が増えると、次第にきつくなり、固定もしっかりしてくる。内輪と外輪の輪郭の明確さ、中心部分の密度と空間のある高さ、底辺部分の台との一体感。これらがクリアされているリースを目指す。

6 ブロンズネットが多少見えてしまっても問題はない。ボリュームが出て、表現したいテーマが伝わるかどうか、が完成の目安となる。保水用キャップで保水処理をしたフリチラリアを入れて完成。左ページの完成写真のように、水盤に水を張ってリースをのせ、切り花を挿し込んでもよい。

青しだれモミジのリース

技法／そのほか　時期／7月〜9月

ガラスの器を引き立てて、透明感のある涼しげな印象をリースにしました。
丸く膨らんだ器の形に枝を沿わせてリースの形を作り、
そのテクニックのすべてが透明なガラスによって明らかになる、
器と作品の融合という点で理想的な造形です。ここでは弾力性のある青しだれモミジを使用。
組んでから余分な葉を落として枝を見せるようにすると、この季節ならではの表情が出せます。

Point
・しだれる枝の曲線の部分をうまく使い、リースの形を作る。特に内輪が丸く見えるようにすることがポイント。器は横が膨らんだものが固定させやすい。
・入れる花は装飾の役割。枝の様子を隠さないようにグルーピングで。向きは枝と同じ時計回りで構成する。

花材 Flower&Green

1 ワレモコウ　ヒメリンドウとモミジの中間に位置するイメージの材料。花と枝をつなげることで、全体の調和をとる。(50cm 2本)

2 ヒメリンドウ　雰囲気を作るための材料。枝の季節感をより鮮明にするため、季節の花がふさわしい。遠くに見える寒色を使うことで、リースに奥行きが出る。(3本)

3 青しだれモミジ　青く涼しげな葉と垂れ下がる枝ぶりで、リースの輪郭を作りやすい材料。枝分かれも多く、木肌にも変化があり、弾力性に富む。枝のリースに好適。(50cm 10本)

資材 Material

・ガラスの花器（直径 38cm × 深さ 7cm）
・リースワイヤー（シルバー）

作り方 How to make

1 青しだれモミジは 50cm程度の長さに花ハサミでカットする。モミジの木の印象を残すため、脇枝は極力落とさない。器の内側に沿うように枝を曲げ、引っ掛けるように入れながら輪の形を作る。

2 器の大きさにもよるが、ここでは 4本の枝で 1周目を構成。枝の先が時計回りに流れるようにすること。さらに枝を足しながら、リースの輪郭、特に内輪を意識して作る。中心部分の密度を作ることも重要。内輪を作るときはリースワイヤーで固定しながら行う。

3 さらに枝を入れる。台との一体感が出るように、器の縁から枝が下がってくる印象を作る。器の外側にも枝を配置する。枝を器の外に出すことで動きが出て、単調さを避けることができる。

4 枝を配置する際に、はねて構成しづらい場合は、外輪側の枝同士をリースワイヤーで留める。ワイヤーは見えるので、装飾の一部と考え、ここではメタリックシルバーのものを使用している。

5 ヒメリンドウとワレモコウを、グルーピングで枝の間に挿し、固定する。全体にまんべんなく入れると枝を隠してしまうので、枝の魅力を損ねない程度の量にする。

6 器に水を張り、リースの完成。上から見ると、中心部分の密度があり、また内輪がしっかり確保できていることで、リースの形になっていることがわかる。

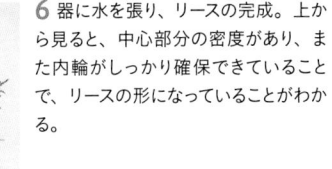

ススキのリース

技法／そのほか　時期／8月〜9月

自然の中で魅力的なグラスを観察し、色や質感、形から得たイメージをリースにしましょう。
ここでは大きくカーブを描いて揺れるススキの葉を、リズム感のある「跳ねるグラス」として表現。
長い葉を丸めてカラーの芯を入れたホチキスで留め、大小の輪をつなげて大きな輪へと導くことで、
リースの象徴性を出します。ススキの葉は乾燥すると丸まってしまうので、
面を長く見せる場合は十分に生育したものを使用します。

Point ▶ ・リースの太さは、そのイメージや飾る
場所によって決める。この場合はバネ
のように跳ねるイメージなので細めに
設定している。
・ススキの輪は芯となる中心から少しず
つ大きくして重ね、完成の輪郭を作る。

花材 Flower&Green

・ススキの葉（50枚）

資材 Material

・ホチキスの芯（赤や緑など、色のついた芯が理想的）

松葉の下がるリース

技法／そのほか　時期／ 1 月

ダイオウマツの葉の特徴を見せるためのリースです。
鉄製のフレームにリースワイヤーでクリの枝を固定してベースを作り、
そこにマツの 2 本に分かれた長い葉の形を生かして、引っ掛けています。
同じような姿の水引と、スプールワイヤーを取り付けたマツカサを一緒に下げました。
マツの葉の美しい線が強調される、吊り下げるタイプのリースです。

Point
- クリの枝で作るベースは細いものになるが、他のリースと同じように枝の向きや形の特徴を生かすように心がける。
- クリの枝は窮屈にせず、フレームに対して間隔を空けて固定すると、マツを下げる際に前後の奥行きや動きを出すことができる。

花材 Flower&Green
・ダイオウマツの葉（50 本）
・クリの枝（30cm 10 本）
・マツカサ（8 個）

資材 Material
・鉄製のリング型フレーム（直径 42cm、軽いもの／ P.56 参照）
・リースワイヤー（紫）
・スプールワイヤー（ブロンズ）
・水引

ドリコスのリース 技法／そのほか　時期／12月〜1月

象徴性を持つ実ものの中でも、特に個性的な材料をベースに掛けて、吊り下げて楽しむリースです。
鉄のフレームとクリの枝で作るベースは P.125 で使用したものと同じですが、
掛ける材料によって印象は変わります。
実の形がパッと目に入り、そのキャラクターや象徴性をより目立たせるためにはこの方法が効果的です。
揺れるオーナメントでクリスマスらしさを出しました。

Point ・吊り下げて楽しむ材料は、季節と飾る場所の雰囲気に合わせて選ぶ。例えば、ミモザ、マユミ、カラスウリ、カエデ、フウなどの実も適している。気に入ったもの、形の面白いものをフレームに直接取り付けたり、ぶら下げるなどして楽しめる。

花材 Flower&Green

・ドリコス'ルビームーン'（30cm 20 本）
・クリの枝（30cm 10 本）

資材 Material

・鉄製のリング型フレーム（直径 42cm、軽いもの／ P.56 参照）
・リースワイヤー
・星型のオーナメント
・スプールワイヤー（ブロンズ）

Epilogue

おわりに

年々、自然の様子は変化しているようです。
私たちの生活も、しだいに新しい段階へと進んでいます。
気候の変化によって、これまでに描いてきた自然観察のイメージ、
自然分析での経験も次々に更新していかなければなりません。
それは少し不安なことにも感じますが、自然と共に生き、共感し
ていく私たちフロリストにとっては当然の行動であり、新たな発見
をともなう探求にもなり得るでしょう。さまざまな植物材料に取り
組み、リースという花飾りとして「植物の魅力」を楽しみ、リー
スを見てくれる人々へ発信していきましょう。リースは、与えられ
た自然環境に感謝し、植物の美しさをうたう花飾りです。
今回、新たな編集を加えた改訂版としての出版を承知していた
だいた、誠文堂新光社「フローリスト」編集部の皆さまにお礼

を申し上げます。
写真としての私の作品に息吹を与えてくださる撮影の中島清一
さん、今回の改訂版で撮影をしていただいた大本賢児さんに感
謝いたします。
本書の美しい装丁・デザインを担当していただいたデザイナーの
川原朗子さん、私の言葉や文章を伝わりやすく、丁寧に整理し
てくださる編集の宮脇灯子さんに感謝いたします。
1冊の本は、このような専門家チームの仕事の結集として出来
上がっています。私がこの輪の中に入り、取り組ませていただけ
ることに大きな喜びを感じます。
最後にこの本が、皆さまのリース作りのお役に立てることを心か
ら願っています。

2023年9月 秦野にて

橋口 学

橋口 学 Manabu Hashiguchi

ドイツ国家認定フロリストマイスター
ハシグチアレンジメンツ代表

鹿児島県薩摩川内市出身。1993年から5年間、東京・銀座スズキフロリストに勤務し、鈴木紀久子氏に師事する。退職後に渡独し、ニュルンベルクにあるフロリスト職業訓練学校及び花店ブルーメン・グラフにて修業をし、フロリスト国家資格を取得。その後フライジングにあるドイツ国立花き芸術専門学校ヴァイエンシュテファンに入学し、2002年卒業と同時にドイツ国家認定フロリストマイスターとなる。その後ミュンヘンの花店、ブルーメン・エルスドルファー勤務を経て、2006年に帰国。神奈川県秦野市に「ハシグチアレンジメンツ」を開講。植物造形理論・実技レッスンを行うほか、日本国内各地でフラワーレッスンやデモンストレーションを行うなど幅広く活動している。著書に『初心者からわかる 花束作り基礎レッスン』『花の造形理論基礎レッスン』（ともに誠文堂新光社）がある。

ハシグチアレンジメンツ

神奈川県秦野市寺山 180-1
Tel：0463-83-3564
Mail： info@h-arrangements.com
http://www.h-arrangements.com/
Instagram：@hashiguchi_arrangements
You Tube チャンネル：橋口学の花レッスン

撮影：中島清一
　　　大本賢児（カバー、P.2-3、8-9、13、15、24-25、28、34-37、46-47、55、60-61、64、72-73、75、86-88、116-118、127、128）
装丁・デザイン：川原朗子
イラストレーション：有留ハルカ（P.11）
編集：宮脇灯子

※本書は、2015年10月に刊行された『季節のフラワーリース基礎レッスン』を底本とし、あらたにリースの作例を追加し、内容を再構成した改訂版です。

植物を巻く、組む、からめる、挿す…
技法別に学ぶ 季節のフラワーリース

2023年10月12日　発行　　　　　　　　　　　　　NDC793

著　　者　橋口 学
発 行 者　小川雄一
発 行 所　株式会社 誠文堂新光社

　　　　　〒113-0033 東京都文京区本郷3-3-11

　　　　　電話 03-5800-5780

　　　　　https://www.seibundo-shinkosha.net/

印刷・製本　大日本印刷 株式会社

©Manabu Hashiguchi. 2023　　　　　　　　　　Printed in Japan

ISBN978-4-416-62383-1